国际贸易专业创新型人才培养研究

叶杨翔　著

中国原子能出版社

图书在版编目（CIP）数据

国际贸易专业创新型人才培养研究 / 叶杨翔著. --
北京：中国原子能出版社，2023.5

ISBN 978-7-5221-2715-6

Ⅰ．①国…　Ⅱ．①叶…　Ⅲ．①国际贸易−贸易实务−
人才培养−研究　Ⅳ．①F740.4

中国国家版本馆 CIP 数据核字（2023）第 088020 号

国际贸易专业创新型人才培养研究

出版发行	中国原子能出版社（北京市海淀区阜成路 43 号　100048）
责任编辑	杨晓宇
责任印制	赵　明
印　　刷	北京天恒嘉业印刷有限公司
经　　销	全国新华书店
开　　本	787 mm×1092 mm　1/16
印　　张	12.25
字　　数	213 千字
版　　次	2023 年 5 月第 1 版　2023 年 5 月第 1 次印刷
书　　号	ISBN 978-7-5221-2715-6　　　定　价　**72.00 元**

前　言

　　随着经济全球化的深入发展，世界经济贸易形势发生了巨大变化。大量研究表明，商品、资本、服务和人员间的国际交流正在以前所未有的速度发展，世界上所有国家和地区都不可避免地被卷入全球化浪潮之中，都不同程度地依赖进口商品和服务以及输入的资本和人才，并形成了相对稳定的经贸关系。而任何孤立的国家和地区既无法享受经济全球化带来的巨大利益，也无法接受包括技术和经济制度在内的各种国际传递。毫无疑问，国际贸易是推动经济全球化的重要力量，也是世界各国彼此经济关系的"晴雨表"。因此，在全球化的背景下，在我国经贸地位不断提升的今天，对国际贸易的研究变得极为重要，也富有极强的时代意义。

　　进入 21 世纪以来，国际经济发展迅速，而且全球化趋势越来越明显，在这样的背景下，我们国家的经济发展也必须与时俱进，紧握时代脉搏，积极融入经济全球化的潮流，在这个过程中，我们的经济取得了一定的发展，但是也受到了世界经济的冲击，其中的原因就是我们缺少高素质的国际贸易专业创新型人才，在竞争中处于劣势。在经济全球化的今天，我们必须为国家提供大量的国际贸易专业创新型人才，这样才能抓住经济全球化带来的机遇，规避风险，促进国家整体经济的不断发展。

　　本书内容分为五章，第一章为国际贸易理论与政策，介绍了国际贸易的概念、国际贸易理论以及国际贸易政策；第二章介绍了国际贸易的基本内容，包括国际商品贸易、国际技术贸易和国际服务贸易；第三章为国际贸易专业人才培养理论，介绍了国际贸易专业的人才培养目标、国际贸易专业的人才素质要求以及国际贸易专业的人才培养教学；第四章为国际贸易专业人才培养的创新模式，具体介绍了"双元育人，书证融通"人才培养模式和"课堂—论文—竞赛—社会实践"联动的人才培养模式；第五章为新时代国际贸易专业的创新型人才培养，主要内容包括双循环格局下国际贸易专业的创新型人才培养、数字经济时代国际贸易专业的创新型人才培养以及基于市场导向的应用型国际贸易专业人才培养。

在撰写本书的过程中，作者得到了许多专家学者的帮助和指导，参考了大量的学术文献，在此表示真诚的感谢！本书内容系统全面，论述条理清晰、深入浅出，但由于作者水平有限，加之时间仓促，本书难免存在一些疏漏，在此，恳请同行专家和读者朋友批评指正！

目　录

第一章
国际贸易理论与政策

本章重点介绍比较优势说、生产要素禀赋学说、产业内贸易理论、国家竞争优势理论，希望读者可以熟悉新新贸易理论，充分掌握各国对外贸易政策的类型与内容构成，认识和了解各国国际贸易政策制定的理论依据。同时能够正确认识和理解对外贸易政策的变化，了解政策变化的条件，并能客观地对贸易政策的适用性作出评价。

第一节　国际贸易的概念

一、对外贸易与国际贸易

对外贸易指的是一个国家或地区与其他国家或地区进行的商品和劳务的交换活动，也称"海外贸易""国外贸易"或"进出口贸易"。

国际贸易是由各国的对外贸易构成的，它是世界各国对外贸易的总和，也称世界贸易。国际贸易与对外贸易同属一类活动，从全世界范围看，称为国际贸易；而从一个国家或地区的角度看，则称为对外贸易。

二、国际贸易的相关概念

（一）对外贸易额与对外贸易量

所谓对外贸易额，是指一定时期内一国（地区）以金额表示的对外贸易

1

规模的指标，又称对外贸易值。它等于进口总额与出口总额两者之和，也称进出口贸易总额或进出口总额。对外贸易额是反映一国对外贸易规模的重要指标之一，一般用本币表示。

对外贸易量是以一定时期的不变价格表示的各个时期的对外贸易值。它剔除了价格变动对对外贸易额的影响，因此，可以确切反映一国对外贸易的实际规模。

（二）总贸易体系与专门贸易体系

总贸易体系与专门贸易体系都是对外货物贸易统计采用的统计制度。其中，按国境统计为总贸易，按关境统计则为专门贸易。

所谓总贸易，是指以国境为标准划分的进出口贸易。凡进入本国国境的货物，不论完税与结关与否，一律计入进口，称总进口。总进口额加总出口额，就是一国的总贸易额。

所谓专门贸易，是指以关境为标准划分的进出口贸易。关境又称关税领域，是执行统一海关法令的领土。自由港、自由贸易区、保税仓库都不属于关境的范围，设有它们的国家，其关境小于国境；当几个国家缔结关税同盟时，关境包括了几个国家的领土，则大于国境。当外国商品进入国境后，暂不进入关境而存入保税仓库内，一律不列为进口。只有从外国进入关境和从保税仓库中提出进入关境的商品，才列为进口，称为专门进口。

（三）出口贸易、进口贸易与过境贸易

按货物的移动方向划分，国际贸易可分为三类：出口贸易、进口贸易与过境贸易。所谓出口贸易，是指将本国生产和加工的商品运往别国市场销售，又称输出贸易。所谓进口贸易，是指将外国商品运进本国市场销售，又称输入贸易。所谓过境贸易，是指途经本国、最终目的地为第三国的贸易。外国的商品纯系转运关系经过本国，不在本国海关仓库存放就直接运往另一国的称为直接过境贸易；外国的商品运到国境后，存放在海关仓库，但未经加工又运往另一国的称为间接过境贸易。

国际贸易的每笔交易都具有两面性：对卖方（通常为生产国）而言是出口贸易，对买方而言（通常为消费国）则是进口贸易。此外，从国外输入的商品，没有在本国消费，未经加工就再出口，称为复出口，或再出口；反之，

本国商品出口后在国外未经加工，又原状输入本国，则称为复进口或再进口。再出口和再进口商品都不列入国际贸易进出口商品的统计数字，而是另外单独统计。

在一定时期内（如 1 年），一国往往在同一类商品上既有出口也有进口，将该种商品的进出口数量加以比较，如出口量大于进口量，称为净出口；如出口量小于进口量，称为净进口。净出口和净进口都是以数量表示的，它们决定一国在某种商品的贸易上是处于出口国还是进口国的地位。

（四）直接贸易、间接贸易与转口贸易

按是否有第三国参加划分，国际贸易可分为三种：直接贸易、间接贸易与转口贸易。

所谓直接贸易，是指商品生产国与商品消费国不通过第三国开展的贸易。贸易双方直接洽谈、直接结算，交易货物由出口国直接运到进口国。直接贸易从出口方面称直接出口，从进口方面称直接进口。

所谓间接贸易，是指商品生产国与商品消费国通过第三国开展的贸易，也可以说是商品进出口两国通过第三国的商人达成的贸易。贸易货物既可由出口国经由第三国转运到进口国，也可由出口国直接运到进口国。

商品生产国与商品消费国通过第三国开展的贸易，对第三国来说，是转口贸易。即使商品直接从生产国运到消费国去，只要两者之间并未直接发生贸易关系，而是由第三国的转口商分别同生产国与消费国发生交易关系，就仍属于转口贸易。

转口贸易与过境贸易的区别在于：前者有第三国的贸易商参与，而不论货物是否经由第三国运送；后者则无第三国际贸易商的参与，它也不列入本国的进出口统计。

（五）货物贸易与服务贸易

按商品形态划分，国际贸易可分为有形商品贸易与无形商品贸易，即货物贸易与服务贸易。

有形贸易与无形贸易的主要区别在于：有形贸易的商品进出口须经过海关报关手续，其进出口额反映在海关的贸易统计上；而无形贸易不经过海关报关手续，通常也不表现在海关的贸易统计上，但两者的外汇收支都是国际

收支的重要组成部分。

（六）贸易差额

贸易差额是指，在一定时期内（通常为 1 年），一个国家或地区出口贸易与进口贸易总额的差额。当出口大于进口时称为贸易顺差或贸易盈余，也称出超；当出口小于进口时，称为贸易逆差或贸易赤字，也称入超。当出口与进口相等时，则称为贸易平衡。贸易差额是衡量一个国家对外贸易状况、经济状况和国际收支状况的重要指标。

（七）贸易结构

一个国家在特定时间段内，其进出口贸易中各类商品构成就是对外贸易货物结构，通过计算某类或某种商品进出口贸易额占该国整体进出口贸易总额的比例（以百分比形式展现）来反映。相应地，国际贸易货物结构则聚焦于全球范围内，分析各大类商品或特定商品在国际贸易总量中的占比，即这些商品贸易额与世界出口贸易总额之间的比重关系。

从国家层面来看，对外贸易货物结构的构成直接映射了该国的经济发展层次、国内产业结构的布局，以及科技进步与应用的现状。具体而言，它能够揭示一个国家在哪些产业领域具有竞争力，哪些产品是其出口的主力军，以及进口需求的结构性特点，从而为深入理解该国的经济实力和外贸战略提供重要视角。国际贸易货物结构则成为窥探全球经济格局、产业结构变迁以及科技进步趋势的窗口。通过对这一结构的深入剖析，学生可以把握不同国家和地区在全球价值链中的位置，了解哪些商品或服务是当前国际贸易的热点与增长点，以及国际市场需求的变化趋势，为全球经济合作与竞争策略的制定提供科学依据。

（八）贸易地理方向

对外贸易地理方向，即常说的对外贸易地区分布或国别结构，其核心概念是指各国在特定时期内，与一国对外贸易交往情况。这种关系是通过观察各国或国家集团在该国的进出口贸易总额中所占的比例来衡量。简单来说，这就是对外贸易活动的"国际贸易地区分布"。这种地理分布能详细地展示一个国家进出口商品的来源和去向，这不仅能反映该国与全球其他国家或地区之间的经济联系强度，也为我们揭示了各国间的经贸关系。

（九）贸易条件

贸易条件是指一国在一定时期内的出口商品价格与进口商品价格之间的比率。由于一个国家的进出口商品种类繁多，很难直接用进出口商品的价格比较。所以，一般用一国在一定时期内的出口商品价格指数同进口商品价格指数对比计算。

（十）贸易依存度

贸易依存度，也称贸易系数，是反映一国国民经济对进出口贸易依赖程度的重要指标。该指标通过计算一国在特定时期内进出口贸易总额占其国民生产总值（GNP）或国内生产总值（GDP）的比例来体现。具体而言，贸易依存度可细分为出口依存度和进口依存度两大方面。出口依存度，顾名思义，关注的是出口贸易在国民经济中的占比，它反映了一国在一定时期内，国内新创造的商品和服务总值中有多少比例流向国际市场，进而揭示了该国经济与世界经济的紧密联系程度。出口依存度的攀升，往往意味着该国经济活动更加依赖于外部市场的需求与波动，是经济外向型特征的直观体现。进口依存度则聚焦于进口贸易在 GDP 中的比重，也常被视为一国市场开放程度的度量。它表明了在国民经济中，外部资源、技术和商品输入所占的比重，对于评估一国经济政策的开放性与国际融入度具有重要意义。

一般而言，如果外贸依存度较高，那么该国必然奉行开放政策，小国的外贸依存度会比大国高一些。比如，新加坡的外贸依存度肯定比印度尼西亚高。有人认为，直接以进出口总额占 GDP 比例来评估贸易依存度可能存在偏差，因为进口值并不直接构成 GDP 的一部分，同理，出口总值也非 GDP 的全部，仅净出口才计入 GDP 范畴。这些观点揭示了现有指标的局限性。尽管如此，在尚未出现更为全面、精准的替代指标之前，贸易依存度与出口依存度仍不失为评估一国经济对外依赖程度及其变化趋势的有效工具。通过连续观察这些指标的变化，我们可以大致把握一国经济在国际环境中的位置与动向，为政策制定与经济规划提供重要参考。因此，尽管存在不足，但在当前阶段，这两个指标仍具有重要的实用价值与指导意义。

第二节　国际贸易理论

西方经济学家在经济发展的不同阶段提出了不同的国际贸易理论，其核心内容是说明如何通过对外贸易获得最大限度的利益。根据历史发展的先后阶段，国际贸易理论主要有比较优势理论、生产要素禀赋学说和产业内贸易理论等。由于历史和社会的局限，这些理论都未能全面和科学地阐述国际贸易发生和发展的客观必然性。但是，西方国际贸易理论也含有不少合理的内核。

一、绝对优势说

绝对优势说是由英国经济学家亚当·斯密（Adam Smith）提出的。亚当·斯密是资产阶级古典政治经济学总体系的创立者，曾任大学教授、海关专员、大学校长等职。主要著作有《国民财富的性质和原因的研究》和《关于法律、警察、岁入及军备的演讲》等。

（一）绝对优势说的产生背景

在亚当·斯密的时代，英国社会已步入资产阶级主导的新阶段，经济体系正经历深刻变革。彼时，英国的国内外贸易活动面临着两大主要制约因素：一是源自中世纪残余的行会制度束缚，它限制了生产者、商人与工人的自由经营；二是重商主义经济政策的重压，该政策旨在通过限制贸易促进国家财富积累，却无形中阻碍了市场的自由流通。尽管国内贸易已逐渐挣脱束缚，实现了一定程度的自由发展，但对外贸易领域却依然充满挑战与障碍。具体而言，制成品进口往往面临高额关税壁垒，甚至被直接禁止，某些外国优质产品，如法国葡萄酒，同样未能幸免于难。更令人遗憾的是，即便那些对英国本土工业发展至关重要的商品，也时常被列入禁止进口的清单之中。同时，英国将殖民地视为原材料的稳定供应源及工业制成品的倾销市场，这一策略进一步加剧了国际贸易的不平等与限制。面对这种现象，亚当·斯密深刻批判了上述贸易保护措施，并构建了以自由贸易为核心的国际贸易理论体系，指出在国际贸易问题上，应主张自由地发展对外贸易，反对垄断和政府限制政策。

（二）绝对优势说的主要内容

如果一件东西在购买时所花费的代价比在家里生产时少，就永远不要在家里生产。

分工可以提高劳动生产率，降低产品成本，促进财富的增加。理由是：一是分工能使劳动者的熟练程度提高，从而提高劳动生产率；二是分工可使每个人专门从事某项工作，从而节省与生产没有直接关系的时间；三是分工可使专门从事某项工作的劳动者比较容易改进工具和发明机械。

亚当·斯密运用实证论方法，由个人之间的经济关系推及整个国家之间的经济关系，论述了国际分工和国际贸易的必要性。个人之间可以进行分工，国家内部也可以进行分工，国家之间也可以进行分工。每个国家都应充分利用自身在生产上的优势进行专业化生产，向国外输出产品；对于生产成本高的产品，则可通过进口来获得。这样，通过贸易各国都可获利。

绝对优势理论主张，在特定商品的生产过程中，若一国相较于另一国在劳动生产率上展现出绝对优势，即生产该商品所需的劳动成本显著低于对方，那么这一国就应专注于具有绝对优势的商品生产，并通过国际贸易进行出口。其他各国也应按照本国的绝对优势生产商品，各自提供交换商品。在这种分工与交换机制下，参与国均能从中获取绝对的利益增长，进而促进全球范围内分工合作的正向效应，实现整体经济效益的提升。

（三）对亚当·斯密绝对优势说的评价

1. 从国际贸易实际出发的评价

亚当·斯密的绝对优势说的构建基于一个核心假设：一个国家欲涉足国际贸易，必须至少拥有一种产品在生产效率上显著高于或生产成本（劳动消耗）明显低于其贸易伙伴的同类产品，否则该国将缺乏参与国际分工的先决条件，或在国际贸易中仅面临潜在损失而无利可图。然而，这一论断在理论构建上显得颇为绝对，与现实世界的复杂多样性存在出入。因此，斯密的绝对优势说在解释当今全球贸易格局时并不恰当，仅能覆盖一小部分贸易现象，诸如诸多国际贸易实践，特别是发展中国家与发达国家间普遍存在的贸易，即便前者在所有产品生产上的劳动生产率可能均低于后者，仍能实现互利贸易；以及发达国家间，即便劳动生产率相近，亦能维持大量贸易往来，均难以用此理论全面阐释。

2. 亚当·斯密强调劳动价值论

亚当·斯密强调劳动价值论，但是没有说明产品交换的内在等价要求是什么。同时，他认为"分工引起交换，而不承认交换是生产力发展的结果；认为自然条件是决定因素，不承认生产力是决定因素，自然条件是第二位的；分工对所有参加者都有利，强调自由贸易政策"[①]。

二、比较优势说

比较优势说由英国经济学家罗伯特·托伦斯在 1815 年的《论对外谷物贸易》一书中初步提出，后经大卫·李嘉图在其 1817 年著作《政治经济学及赋税原理》中的深入阐述与完善而得以确立。该理论旨在揭示国际贸易的基石在于比较优势，而非绝对优势，从而更为贴切地解释了为何国际贸易能在看似不具备绝对优势差异的国家间蓬勃发展。

（一）比较优势说产生的背景

大卫·李嘉图，作为英国经济学界的璀璨明星，被誉为资产阶级古典政治经济学的完成者。19 世纪初叶，即 1809 年，他踏上了深入探索政治经济学的征途，其处女作《论黄金价格》犹如一声惊雷，瞬间在学术界引起轰动，不仅奠定了他个人的学术地位，更引领他步入英国国会的大门，成为政府倚重的智囊之一。

在那个时代背景下，资产阶级与封建残余的斗争依旧激烈，而与无产阶级的矛盾虽已初露端倪，却尚未剑拔弩张。这样的社会环境赋予了李嘉图相对纯粹的学术视野，使他能够以公正客观的科学精神，勇敢地触碰并解析政治经济学领域的诸多核心议题，从而将资产阶级古典政治经济学的理论体系推向了新的高度。国际贸易理论领域，李嘉图的贡献尤为卓越。他不仅创造性地提出了影响深远的比较成本学说，为国际贸易格局的解读提供了新视角，还围绕货币、汇兑、国际分工以及自由贸易等议题，展开了全面而深刻的剖

---

① [英] 亚当·斯密著；唐日松译. 国富论 [M]. 北京：华夏出版社，2005.

析，成为该领域无可争议的领军人物。其理论体系，是对前人智慧的全面总结与超越，展现了非凡的学术洞察力和理论建构能力。李嘉图的经济学说，从根本上而言，是服务于英国资产阶级利益的。以自由贸易学说为例，当时英国正处于工业革命的巅峰时期，其产品以卓越的品质和高效的生产力横扫全球市场，无人能及。若世界各国普遍采取贸易保护政策，无疑将严重压缩英国商品的国际市场份额，同时也可能切断其获取低价生活必需品和原材料的重要渠道。因此，李嘉图力推自由贸易，认为这是确保英国经济持续繁荣、国家利益最大化的必由之路。

（二）比较优势说的假设条件

比较优势理论的核心假设框架构建如下：

（1）理论模型设定于一个简化的全球经济环境，仅包含两个国家与两种商品（X 与 Y）。此设定旨在通过二维平面图示，直观展现比较优势理论的精髓。

（2）两国在生产同一产品时技术水平相同，意味着在要素价格无差异的条件下，两国生产同一商品时会投入等量的劳动资源。这一假设确保了技术差异不成为分析的主要变量。

（3）模型聚焦于直接的物物交换场景，忽略了现代商品流通的复杂性，并假定 1 单位 X 商品与 1 单位 Y 商品在交换价值上完全对等，简化了交易价值的衡量。

（4）在两国境内，商品市场与要素市场均达到完全竞争状态，确保价格信号能够准确反映市场供需状况，无市场势力干扰资源配置。

（5）生产要素在国内自由流动，但在国际上不能流动。

（6）分工前后的生产成本维持不变。

（7）交易费用与运输成本被理想化为零，同时排除关税及任何阻碍国际贸易自由进行的非关税壁垒，以凸显比较优势在理想市场条件下的作用。

（8）市场遵循价值规律，自由竞争与自由贸易原则得到充分贯彻，确保资源根据比较优势在全球范围内自由配置。

（9）国际经济环境被假定为静态，排除了任何对分工会产生影响的变量。

（10）两国资源均得到最大化利用，不存在闲置资源或未充分利用的生产要素，这一条件确保了分析基于资源充分配置的前提。

（11）两国间的贸易达到平衡状态，即总进口额与总出口额相等，这一假设简化了国际收支的复杂性，便于集中探讨比较优势对贸易格局的影响。

基于上述假设，亚当·斯密深刻论证了国际贸易的基石是比较优势，而非传统观念中的绝对优势，这一发现为国际贸易理论的发展奠定了重要基石。

（三）李嘉图比较优势说的基本内容

在探讨国际贸易分工的优势时，我们可以借由李嘉图的经典理论，以两个生产力水平不同的国家（设为甲国与乙国）为例来说明。如果两个国家的生产力水平不等，甲国在任何产品的生产上其成本都低于乙国，或劳动生产率都高于乙国，处于绝对的优势；而乙国则相反，在任何产品的生产上其劳动生产率都低于甲国，处于绝对的劣势。这时，两国仍能通过国际贸易实现互利共赢。关键在于，两国之间的劳动生产率差异并非在所有产品线上均等存在。因此，即便甲国拥有全面的绝对优势，它也不必承担所有产品的生产，而应专注于那些自身具有最显著优势的产品领域。相反，乙国虽处于全面劣势，但可通过生产其劣势相对较小的产品，即那些在成本或效率上损失较少的产品，来参与国际贸易并从中获益。通过国际分工与自由交换，甲国与乙国均能有效节省社会资源，促进各自生产的专业化与规模化，从而提升产品的总体产量与生产效率。

（四）对大卫·李嘉图比较优势说的评价

1. 比较优势说是为英国服务的

比较优势说，虽常被解读为服务于英国资产阶级自由贸易政策的工具，旨在促使欠发达国家成为英国的原材料供应基地，但实际操作中，英国并未完全遵循这一理论的指导进行国际分工。以18至19世纪为例，尽管根据比较优势原理，英国因棉织品生产成本高于印度和中国而应放弃此产业，实际上，英国却通过技术革新——机械化生产，显著提高了生产效率，降低了成本，最终超越了印度和中国的棉纺织业，巩固了其全球霸主地位。同样，美国、德国、法国、意大利等发达国家在其经济崛起过程中，也未完全遵循李嘉图的比较优势说来构建对外贸易策略。

2. 比较优势说分析和揭示了国际贸易所具有的互利性

比较优势说提出各国通过出口其相对成本较低的产品，进口相对成本较高的产品，可以实现贸易双赢。这一观点在国际分工与贸易研究中占据重要地位，强调了资源优化配置与生产效率提升对全球经济的正面影响。

3. 比较优势说没有从根本上揭示国际贸易产生的原因

比较优势说试图通过国内与国际市场间交换比率的差异来解释国际贸易中比较利益的来源，这一视角虽有其合理之处，却未能全面揭示贸易发生的根本动因。实际上，国内与国际市场中的商品交换，其核心目的均在于实现商品价值，确保资本回收并追求利润最大化。因此，即便在某些情况下国内外销售收益相当，缺乏明显的比较利益，企业仍可能出于利润最大化动机而选择出口。

4. 比较优势说许多假设过于苛刻

比较优势说构建于一系列严苛的假设之上，如完全自由竞争的市场、生产要素在国内的自由流动与国际上的完全隔离、资源的充分利用与充分就业等，这些假设往往与复杂多变的现实经济环境相去甚远。因此，基于这些理想条件推导出的理论结论，不能作为指导全球各国对外贸易实践的普遍原则。

5. 比较优势说与现实的国际贸易实际不相符合

根据比较优势理论的核心逻辑，国家间比较利益的差异越大，贸易发生的可能性及规模理应越大。照此推理，国际贸易应主要聚焦于发达国家与发展中国家之间，利用双方显著的要素禀赋与生产技术差异促进贸易增长。然而，现实情况却大相径庭，当前国际贸易的主流并非发展中国家与发达国家，而是更多地发生在发达国家之间，它们彼此形成了复杂的贸易网络和相互依赖关系。这一现象对比较优势理论的应用直接提出了挑战。

比较优势理论倡导在自由贸易环境下，参与国际商品交换的双方均能从中获益，从而激励各国自愿采取开放政策以促进贸易自由化。但现实是，尽管自由贸易带来的潜在利益被广泛认知，但几乎没有国家能在国际贸易中完全摒弃保护主义政策。各国政府在不同程度上采取关税、非关税壁垒等措施，以保护本国产业免受外部冲击。这种普遍存在的贸易保护现象，与比较优势理论所设想的自由贸易乌托邦存在显著差距。

比较优势理论还强调国际贸易的互利性，认为贸易双方能够在不牺牲彼此利益的前提下实现共同发展，甚至指出落后国家可以通过国际贸易和国际分工节省社会劳动。然而，这一理想化图景与当前国际贸易中的不平等现象形成了鲜明对比。在实际操作中，发达国家往往凭借其技术、资本和市场优势，在国际贸易中获取更多利益，而发展中国家则可能面临资源掠夺、市场挤压等不利局面。

最后，按照这一理论，国内价值和国际价值是不同的，这一点违背了李嘉图自己坚持的劳动价值论。当他看到这一情况时，表现为无能为力，并使用国内的商品交换规律不适应国际交换来解释。

三、生产要素禀赋学说

生产要素禀赋学说是由当代著名瑞典经济学家贝蒂·俄林（Bertil Ohlin）提出的。俄林是现代瑞典学派的重要代表，当代资产阶级国际贸易学说的开拓者，获 1977 年诺贝尔经济学奖。

（一）生产要素禀赋学说产生的背景

1929 年，资本主义世界爆发了历史上最严重的一次经济危机，并持续 5 年之久，直到 1933 年才结束，这使得资本主义国家工业生产下降了 37.2%，国际贸易额缩减了 2/3，国际贸易量也缩减了 1/4。这次全球经济危机的深重影响，显著加剧了帝国主义国家间对海外市场的激烈争夺，触发了频繁的"关税战"与"贸易战"。各国纷纷采取强化出口、提升进口税率及构建新型关税屏障等措施，旨在促进本国商品海外倾销并限制外来商品的涌入。由于经济发达但国内市场相对狭小，再加上高度依赖国际市场的特点，瑞典社会各界对新兴保护主义趋势感到强烈忧虑。这种情况下，经济学家俄林在其导师赫克歇尔的研究成果基础上，进行了更为深入的剖析探索，并出版了《地区间贸易和国际贸易》一书，正式提出了生产要素禀赋理论，也称资源禀赋论。该理论根植于生产要素自然分布的差异，深刻揭示了国际贸易产生的内在动力，并强调了国际分工的益处及自由贸易的至关重要性。这一理论不仅精准揭示了瑞典的经济发展需求，也契合了资产阶级的利益诉求，因此自问世以来，便迅速赢得了广泛赞誉，被视为"现代国际贸易理论的新开端"。

时至 1941 年，美国经济学家萨缪尔森与斯托尔珀在《经济统计周报》上联合发表了题为《实际工资和保护主义》的开创性论文，他们运用数学方法严谨地验证了俄林关于自由贸易导致生产要素价格均等化的理论。这一贡献进一步巩固了生产要素禀赋理论的地位，使得该理论在国际贸易学界常被称为"赫克歇尔－俄林－萨缪尔森模式"，展现出其深远的影响力和学术价值。

（二）生产要素禀赋学说的假设条件

俄林生产要素禀赋学说是基于下列的一些假设建立的。

（1）贸易中只有两个国家（A 国和 B 国），两种商品（X 和 Y 商品），两种生产要素（劳动和资本）。

（2）两国在生产中都使用相同的技术，即如果要素价格在两国是相同的，两国在生产同一种商品时就会使用相同数量的劳动和资本。

（3）在两个国家中，商品 X 都是劳动密集型产品，商品 Y 都是资本密集型产品，也就是说，在相同的要素价格下，生产商品 X 的劳动/资本比例要高于生产商品 Y 的该比例，或者说，生产商品 X 的资本/劳动比例要低于生产商品 Y 的这一比例。

（4）在两个国家中，两种商品的生产都是规模报酬不变的，即增加生产某一商品的劳动和资本投入会带来该商品的产量同一比例的增加。

（5）两国在分工中均为不完全分工，即产生贸易之后，参加贸易的两个国家并不是只生产某一种商品，该假设表明两个国家都不是"小国"。

（6）两国需求偏好相同，即两国有着相同的收入，而且面对同样的商品价格，两种商品消费的比例也相同。

（7）在两个国家中，两种商品与两种要素市场都是完全竞争的。

（8）在一国内，要素可以自由流动，但要素不能在国际上自由流动，也就是说不存在要素的国际贸易，国际要素差异将永远存在。

（9）没有运输成本、没有关税或影响国际贸易自由进行的其他壁垒。

（10）两国资源均得到了充分利用。

（11）两国的贸易是平衡的，进口和出口总是相等。

（三）生产要素禀赋学说的基本内容

俄林认为，"全世界可看作一个整体，它划分为若干个大区域，每个大区域又可划分为若干个小区域"[①]。区域与区域之间的贸易可称为地区间贸易。国际贸易是地区间贸易的一种，两者并无本质区别，只是由于各国的关税制度、贸易政策和货币制度等各不相同，国际贸易才有另行研究的必要。国际贸易只不过是一种重要的地区间贸易罢了。

俄林和亚当·斯密一样，首先考察了分工的成因和好处，认为就某项工作而言，有些人的能力比另一些人强，不同的禀赋使一些人适合于做某项工作，另一些人适合于做他项工作。即使每个人的禀赋才能都一样，长期从事一种职业或少数几种职业比每个人为自己生产全部产品即从事众多的职业更有利些。

俄林将个人间分工推及地区间分工，指出："从个人转向地区，人们发现地区同个人一样，在生产各种物品的便利条件方面，禀赋的差别也很大，原因之一是生产要素的供应有所不同。某一地区可能富于铁砂和煤，但只有少量的小麦耕地；而另一地区麦地很多，但缺少矿物资源的供应。显然，前者较适宜于生产铁砂，而后者适于种植小麦。因此，某一地区生产要素的供给比例决定了该地区适合于什么样的产业。"[②]

不同地域之间，生产要素的配置比例各不相同，这种差异决定了各地特色产品的生产模式。具体而言，某个地区若某类生产要素相对充裕，往往会倾向于生产那些对此类生产要素需求较大的产品。比如，澳大利亚地广人稀，劳动力与资本相对匮乏，因而其主导产品如羊毛、小麦等，多为土地利用率高而劳动力与资本需求较低的产品。相反，英国则面临土地资源有限而劳动

---

① 余光中. WTO 大百科全书 第五册［M］. 北京：光明日报出版社，2002.

② ［瑞典］贝蒂尔·奥林著；王继祖译. 地区间贸易和国际贸易［M］. 北京：首都经济贸易大学出版社，2001.

力和资本较为充裕的情况，故而侧重于生产需要大量劳动力和资本投入的工业制成品。

国际贸易或地区间贸易的发生，根植于商品与生产要素价格在空间上的差异性。在相互隔离的地区市场中，价格机制受到四大核心因素的制约：消费者的偏好、生产要素的所有权、生产要素的供应，以及生产的物质条件。这些因素间关系的变化，直接导致了商品与生产要素相对价格的差异，除非不同地区间生产要素的差异能够精准地补偿商品需求差异的影响。

进一步分析，生产要素价格的差异性是造成地区间同一商品生产成本差异的关键。在此背景下，各区域更倾向于生产那些能高效利用其优势生产要素的产品，相比起生产需求更多本地区稀缺要素的商品而言，这一策略更加经济高效。

瑞典经济学家俄林进一步细化了生产要素的分类，将之归纳为自然资源、资本与劳动力三大类。自然资源细分至农业林业资源、渔业狩猎资源、矿产资源、水力资源及运输资源五个子类别；资本则区分为短期与长期、安全与风险两大类；劳动力则依技能水平分为不熟练工、熟练工及技术工三种。在评估区域间生产要素禀赋差异时，我们在全面考量主要类别的同时，也不可忽视细分类别及其更深层次的次级因素对生产决策的影响。

为了论证其学说的正确性，他反复举了很多实际例子，并专门分析了美国的对外贸易。俄林指出，"美国之所以出口铜、石油、小麦、棉花、烟草等原料和仪器，进口粮类、生丝、咖啡、橡胶和皮毛等，是因为它有丰富的适合生产这些出口品的资源，而缺乏生产这些进口品的资源"[①]。美国进口高级纺织品之类的工业品，是因为这些货物的生产需要大量劳动力，而美国工资高，生产这些物品不合算。

由于各国之间存在工资差异，劳动力就会设法从工资较低的国家流出，进入工资较高的国家，结果就会导致流入国家工资水平降低，流出国家工资水平上升，从而使各国之间的工资水平更为接近。同样，由于各国之间存在工资差异，资本为了多得利润，也会设法进行国际转移。不过，劳动力是从工资较低的国家向工资较高的国家转移；资本则相反，则是由工资较高的国

---

① ［瑞典］贝蒂尔·奥林著；王继祖译. 地区间贸易和国际贸易［M］. 北京：首都经济贸易大学出版社，2001

家流出，进入工资较低的国家，其结果是使资本利息率均等化。

自然资源不能移动，但是，通过劳动力和资本的国际移动，地租也会达到国际均等化。有的国家土地相对缺乏，地租水平较高，而劳动力流出则会使土地的相对缺乏矛盾缓和，从而降低地租水平。

商品在全球范围内的流通，显著促进了生产要素价格趋向均等化的过程。设想这样一个场景：国家 A 土地资源丰富却劳动力短缺，而国家 B 则劳动力充裕但土地资源有限。在此背景下，A 国会倾向于出口那些依赖大量土地资源的产品，同时进口劳动密集型商品。这一过程不仅推动了 A 国对土地需求的相对增长，进而可能对劳动力需求形成抑制；相应地，B 国则因劳动密集型产业扩张，对劳动力的需求增加，对土地的需求相对减少。通过这种国际贸易模式，两国间的生产要素价格逐渐接近平衡状态。然而，值得注意的是，尽管上述机制有助于生产要素价格实现均等化趋势，但并不能确保全球各国生产要素价格达到绝对的完全一致。这是因为，除了运输成本这一直接影响因素外，关税壁垒、政策限制以及其他多种因素都在一定程度上阻碍了商品和生产要素的自由流动。

美国经济学家萨缪尔森认为，"国际要素价格均等化不仅是一种趋势，而且是一种必然"[1]。他指出，如要素相对价格不同，国际贸易的深化与扩展将持续进行，这一过程将不断缩小两国间要素价格的差异，直至两国国内商品的相对价格，乃至要素的相对价格均达到完全的均等化。萨缪尔森还进一步探讨了要素绝对价格均等化的可能性，认为在相对价格均等化、商品与要素市场充分竞争，以及技术条件相似的条件下，国际贸易能够实现生产要素绝对价格的均等。

俄林进一步细分了运输费用的组成，将之划分为直接运输成本和因克服诸如关税等贸易壁垒而产生的额外成本。这种区分帮助我们更清晰地理解，为何即便在理论上存在生产要素价格均等化的可能性，实际操作中仍会受到诸多现实因素的制约与影响。

在国际贸易中，不同商品的运输成本相差很大，有的商品庞大笨重，有的商品易受损坏，它们的运输成本就比较高。而另一些商品即使进行环球运

---

① ［美］保罗·萨缪尔森著；葡琛译. 经济学［M］. 北京：商务印书馆，2014.

输，其运输成本与其价值相比仍不显得很高。

运输成本像其他劳务和货物的成本一样，受要素供给和要素需求影响。某一商品是应该进口、出口，还是在本地生产，是由这一商品的生产成本和运输成本决定的。如果生产成本已定，运输成本较高，则可能在本地生产；否则，则可能进口或出口。

在国际贸易中，除了运输费用外，还会产生其他费用，如关税以及因法律、语言不同产生的费用等。关税属于特殊的范畴，支付这种费用与支付运输费用不同，运输费用是用于支付使用某些生产要素的报酬，而关税仅有一部分是用于支付使用生产要素如海关官员、职员和工人等劳动力要素的报酬。

运输费用的差异使世界各国之间的生产要素和商品价格差距扩大，这样，生产要素价格均等化原理虽然从总体上来看是正确的，但对任何两个国家间的相对要素价格并不一定适用。

（四）对生产要素禀赋学说的评价

生产要素禀赋学说被认为是现代国际贸易的理论基础，它继承了古典的比较成本理论，但又有新的发展。

1. 生产要素禀赋学说的贡献

俄林提出的生产要素禀赋学说，虽然根植于李嘉图的比较优势理论框架，却以独特的视角揭示了比较成本差异形成的一个关键层面。通过细致入微地探索这些差异背后的根源，俄林开创了研究国际贸易比较成本差异的新篇章，极大地丰富了国际贸易理论，为后续学者提供了崭新的思考维度，从而对国际贸易学说的发展作出了不可磨灭的贡献。

2. 生产要素禀赋学说的普遍适用性

俄林进一步扩展了李嘉图的个量分析方法，将之提升为总量分析的层次。他不局限于两国间两种产品单位劳动成本的简单比较，而是深入到两国间生产要素（如资本、土地、劳动力等）总体供给状况的差异，从经济结构的基本层面阐释了国际贸易分工的基础与格局。这种"因地制宜，资源导向"的分析框架，对于理解第二次世界大战前国际贸易的普遍格局，具有极高的现实指导意义和普遍适用性。

3. 生产要素禀赋学说仍属于比较成本理论的范畴

生产要素禀赋学说继承了比较成本理论的基本分析方法，但在分析深度和广度上实现了重要突破。该学说强调，生产活动至少需要两种生产要素共同参与，而非单一劳动力所能完成，这一观点深化了对生产过程的理解。更重要的是，俄林认为无论是国内还是国际上的商品交换，其本质均为不同区域间资源的优化配置，应遵循相同的交换原则。这一认识不仅修正了李嘉图关于国内劳动力交换原则不适用于国际贸易的论断，而且使生产要素禀赋学说更加贴近经济运行的实际情况，显著增强了其理论解释力和实践应用价值。

4. 生产要素禀赋学说的局限性

李嘉图用比较成本差异阐述了贸易互利性的普遍原则，而俄林的生产要素禀赋学说进一步解释了为什么比较成本有差异，在理论上有所发展和创新，但是他把生产者个人利益冒充为国家利益，这种做法是错误的，因为出口使用本国较丰富的生产要素生产的商品，对整个国家并不一定有好处。如果生产者个人所得利益大于较丰富的生产要素所有者因生产要素价廉所受的损失，这时国民收入总量增加，就有利。如果生产者个人所得利益小于较丰富的生产要素所有者因生产要素价廉所受的损失，这时国民收入总量减少，即不利。如果生产者个人所得的利益恰好等于较丰富的生产要素所有者因生产要素价廉所受的损失，则国民收入保持不变，既无利得也无损失。上述三种情况，只有第一种情况与俄林的论断相符。

四、产业内贸易理论

1975 年，格鲁贝尔（Grubel）与劳埃德（Lloyd）合作出版了《产业内贸易：异质产品国际贸易的理论及测量》，这本书标志着产业内贸易理论的系统性确立。该书深入探讨了产业内同类产品贸易的增长特性及其动因，为理解这一现象提供了开创性的理论视角。

（一）产业内贸易理论的产生

第二次世界大战后，一个显著现象是，在资源生产要素禀赋相似的工业国之间，制成品贸易迅速扩张，且这些贸易往往发生在采用相似生产要素比例生产的产品之间。这一现象难以用传统国际贸易理论，尤其是基于资源禀赋差异的理论框架来充分解释。面对这一挑战，学术界涌现出众多非传统观点，旨在填补理论空白。在美国，经济学家格鲁贝尔等人曾对欧洲共同体成员间贸易增长的现象进行了分析探索，得出结论：发达国家间的贸易并非严格遵循生产要素禀赋原理运行，而是更多地表现为产业内部的同类产品交换，而非传统意义上的产业间贸易（如工业制成品与初级产品之间的贸易）。至 20 世纪 80 年代中期，产业内贸易理论已构建出较为完整的理论体系，为解释复杂多变的国际贸易现象提供了有力的分析工具和简明扼要的理论框架。

（二）产业内贸易理论的基本内容

在当前的国际贸易格局中，产业间贸易与产业内贸易并存，共同构成了国际贸易的两大基石。产业间贸易涉及不同产业之间的商品交换，而产业内贸易则特指同一产业内部，国家间对相似或差异化同类产品进行的进出口活动。产业内贸易具体可细分为两类：一是相同商品的产业内贸易，这往往与产品季节性、消费习惯或商业策略等因素有关；二是差异商品的产业内贸易，它基于产品的水平或垂直差异，如品牌、质量、设计等，满足消费者对多样化产品的需求。

1. 相同商品的产业内贸易

产业内贸易，特指完全可替代性商品间的交换活动，这类商品展现出高度的需求交叉弹性，意味着消费者对这些商品持有无差别的偏好。传统上，它们更多以产业间贸易形式存在，但在特定情境下，它们也会转变为产业内贸易，主要包括以下几种情形。

（1）边境交叉贸易：涉及如水泥、砖块、玻璃等运输成本高昂的建筑材料。由于成品运输费用高昂，生产布局通常遵循市场导向原则，即工厂一般选址在离市场比较近的地方。然而，当两国（如 A 国与 B 国）的资源与市场位置形成互补——A 国原料接近 B 国市场，B 国亦然，且双方对这类商品的出口限制宽松时，便可能通过产业内贸易解决市场布局难题，优化资源配置。

（2）季节性贸易：针对生产周期具有显著季节性的商品，产业内贸易成为平衡市场供需的有效手段。通过在不同季节间或国家间灵活调配，确保产品持续供应，满足市场需求。

（3）转口贸易：转口国同时作为某类商品的进口国与出口国，这类商品在其进出口项目中均有体现，直接促成了产业内贸易的形成，体现了国际贸易流程的复杂性与灵活性。

（4）跨国公司内部的贸易：部分学者将跨国公司内部不同部门或子公司间的"垂直贸易"（即上下游产品间的交易）纳入产业内贸易范畴。

（5）相互倾销：不同国家的同行业企业在国际市场中为争夺更大份额，常采取低价倾销策略，在对方市场投放商品。这种策略性竞争不仅加剧了市场竞争，同时也使同一商品在不同国家间的产业内贸易活动得以发生。

2. 差异商品的产业内贸易

差异商品的产业内贸易，聚焦于那些虽相似但非完全等价、不可完全替代的商品之间的交换，其特征在于其交叉需求弹性较低。商品差异主要体现为三大类别：

（1）水平差异。这一类差异源自同类商品间共有属性的不同排列组合，这种差异性在烟草、化妆品及制鞋等行业中尤为显著。其背后驱动力包含消费者需求的多样化趋势与生产者市场策略的相互作用。收入增长会使消费者对商品偏好的多样性增加；同时，制造商为巩固或扩大市场份额，倾向于通过产品创新区别于竞争者，吸引特定顾客群体。此外，为构筑市场进入壁垒，企业也致力于产品系列的丰富化。

（2）技术差异。指因技术进步导致的新产品出现而引发的商品差异化，这在电子电器设备和制药行业尤为常见。其贸易动力主要源于两点：首先，产品生命周期的差异，即先进工业国不断研发新品，而后发国家则可能聚焦于生产标准化、低技术含量的旧款产品，从而在不同阶段的产品间形成产业内贸易；其次，高昂的研发费用要求企业在产品生命周期内快速实现销售回报，推动新产品在国际市场上以高价策略快速渗透，这一行为促进了国际产业内专业化分工，进而催生了产业内贸易。

（3）垂直差异。这项差异侧重于产品质量层面上的不同，在汽车行业表现尤为突出。该类型贸易主要受两个因素影响：首先，不同消费群体对产品品质的需求层次不一，这种差异不仅跨国家存在，在一国之内同样显著。这一差异的核心在于个体经济能力的不同，高收入群体倾向于选购高档商品，而低收入群体则更偏好于中低价位的产品。为应对这种多元需求格局，常出现这种经济现象，即高收入国家从中低收入国家进口中低档商品，使国内较低收入群体的需求得到满足，同时中低收入国家则进口高档商品，使国内较高层次的消费需求得到满足。其次，垂直差异的商品还面临提升生产效率、扩大产销规模及降低研发成本的挑战，尽管相较于某些高研发投入的产品，这些商品的研发成本相对较低。

深入分析后，我们可以发现这三类商品在需求层面均展现出消费偏好的广泛多样性，而在供给层面则共享着生产规模经济的优势。正是这两方面的相互作用，共同推动了产业内贸易的形成与发展。然而，不同类别商品在这两方面的影响力上存在差异：对于水平差异商品来说，需求占据主导地位，对规模经济的要求就比较低，导致这类商品在产业内贸易中占据较高比例。但随着国际直接投资的增多，它可能对产业内贸易产生一定抑制作用，因此这类商品的产业内贸易增速相对平稳。技术差异商品则显著受到规模经济的强烈驱动，加之产品本身的高附加值特性，需要广泛的销售网络来支撑，因此，这类商品在产业内专业化程度和贸易水平上都表现比较出色。特别是在高科技和新兴产业领域，如办公设备、医药器械等，这些往往是工业化国家产业内贸易的重点对象。垂直差异商品则在上述两方面均表现出较强的作用力，既受益于多样化的消费偏好，又充分利用了生产的规模经济，从而促进了产业内贸易的普遍性与快速发展。

（三）产业内贸易的利益

产业内贸易对生产者与消费者而言，蕴含着显著的静态与动态利益，这些利益深刻地影响了市场效率与消费者利益。

1. 产业内贸易的静态利益

从静态视角审视，产业内贸易相较于产业间贸易，更能激发市场活力，显著提升消费者剩余与生产者剩余。而这些静态利益主要是基于产品的差异性和规模经济。

从消费者的角度来看，产业内贸易的开展极大地丰富了市场上的产品种类，增强了消费者的选择权。随着个性化与多样化消费趋势的增强，消费者对差异化产品的需求日益增长。然而，单一经济体受限于规模经济，难以全面满足这一需求。通过开放相似生产和消费结构的国家市场，开展产业内贸易，市场上差异化产品供给激增，伴随竞争的不断激化，价格逐渐下降，最终提升了消费者的整体利益水平。

从生产者的角度来看，利益的增加得益于市场扩大带来的规模经济效应。事实上，任何一个国家的生产者生产一个产业内的所有产品都会受到市场规模、固定成本和所需技术的制约。如果每一个国家只生产一个产业内有限的差异产品，那么所有贸易国的生产都将实现规模经济。

2. 产业内贸易的动态利益

产业内专业化促进了产品的持续更新迭代，有效减缓了因市场饱和而导致的生产转型浪费。随着产品生命周期的延长，企业能在更长时间内利用现有生产设备和资源，减少不必要的资源重置成本，实现更高效的生产安排。

产业内贸易对产品创新与经济社会发展的推动作用显著，主要体现在两个方面：首先，它强烈地激励了产品创新与多样化。这种刺激体现在两个层面，一是推动产品花色品种的丰富，即增强水平差异化商品的供应，通过"侵入动机"向国际市场引入符合外国消费者偏好的新品，以拓宽市场份额；同时，"防御动机"促使国内新增品种以防新竞争者的入侵，巩固国内市场地位。二是促进新型替代产品的创造，包括技术领先和垂直差异化的产品，这不仅丰富了市场选择，还带动了科技进步。其次，产业内贸易降低了新品研发的经济风险，因为它加速了新产品的市场流通，有助于迅速回收高额的研发资金。

与产业间调整相比，产业内调整面临的阻力更小。由于同一产业内生产要素十分相似，企业在进行生产转换时，无须对生产要素进行重大重构。即便有调整需求，其过程也相对容易实施，因要素价格弹性要求不高，且调整往往局限在内部或同区域内，降低了社会成本，并且劳动力在同一产业内的流动更加顺畅，这也减轻了他们的失业压力，有利于社会的整体稳定。

从收入分配视角分析，产业内专业化相比产业间专业化，其收入再分配效应更为温和。同一产业内部，生产要素的投入密度相近，故而对要素相对价格的影响较小。这不仅不会损害稀缺要素所有者的利益，反而可能因其专业化分工带来的效率提升而提高其实际收入。克鲁格曼等学者通过模型分析，证实了产业内专业化能为所有利益群体带来正面效益，这在一定程度上减少了政策实施的阻力，获得了广泛的社会支持。

综上所述，产业内贸易不仅是推动产品革新与经济转型升级的重要力量，还因其内在的调整灵活性和分配公平性，为经济社会的和谐发展提供了坚实的支撑。在深入探讨产业间贸易与产业内贸易所承载的利益对比后，我们不难发现，产业内贸易所产生的利益非但不逊于产业间贸易，反而在多个维度上展现出独特优势，对促进国家生产能力的飞跃与经济结构的优化升级具有显著推动作用。

（四）对产业内贸易理论的评价

1. 揭示了原来静态比较优势学说所掩盖和忽视的问题

比较优势学说的核心在于揭示国际贸易的双赢潜力，即双方均能从交换中获益，而未直接探讨非互利的可能性。产业内贸易理论则深化了这一视角，强调通过规模经济与垄断竞争优势的双重驱动，国家能在全球市场中占据更大份额，从而获取更多贸易利益。重要的是，这种利益的获取并非自动惠及所有参与者，而是可能导致利益分布向具有规模经济优势的国家倾斜，进而加剧市场垄断，不但无法缓解贸易利益的不均衡现象，反而可能加剧。

2. 产业内贸易理论将产业组织理论引入贸易理论

产业内贸易理论所提出的规模经济优势，不是指一国的产业规模，而是指从事国际贸易主体的企业规模。通过企业创造出口优势，这是分析国际贸易竞争条件的新角度。

3. 产业内贸易理论强调政府干预

规模经济固然可以由国内市场经济的自发作用而产生，但政府干预对其起着重要的作用，特别是当大公司跨出国门后更是如此。各国政府为了保护本国垄断企业规模经济优势的形成和发展，无不通过各种政策给予支持。

当然，产业内贸易理论也存在一定的不足。首先，是在论述产业内贸易时，所提到的产品异质性指的是最终产品在质量和性能上的差异，没有看到由于生产国际化的深化，产业内专业化分工的发展，越来越多的中间产品进入了国际商品流通领域，这也促进了产业内贸易的发展。其次，对规模经济优势的作用应规定在什么样的范围，产业内贸易理论没有提及。在现实生活中，并不是所有产品的生产都是规模越大越好，在技术革命的浪潮中，企业经营出现了多品种、小批量的趋势，加上需求日益分散化，必然有规模经济不起作用的范围。

五、国家竞争优势理论

国家竞争优势理论，是哈佛商学院迈克尔·波特教授于 1990 年在其标志性著作《国家竞争优势》中开创性提出的，这一理论成为国际贸易理论发展的一个重要里程碑。它不仅超越了传统的比较优势理论框架，而且构建了一个包含多维度因素、面向现代经济的全新理论架构，为国际贸易研究开启了新的篇章。

（一）国家竞争优势理论产生的背景

该理论的诞生，深刻反映了美国国际经济地位变迁的时代背景。第二次世界大战后至 20 世纪 70 年代初，美国经济曾是全球的领头羊，但随后面临西欧经济复苏和日本经济崛起的双重挑战，加之西欧共同市场的形成与壮大，美国在全球经济中的相对影响力显著下降。与此同时，新兴工业化国家的迅速崛起，特别是在汽车制造等传统领域的竞争加剧，以及在新兴产业中的激烈竞争，进一步侵蚀了美国在全球市场的份额。对外贸易的持续逆差与国际收支赤字问题，促使美国社会各界积极探索增强国际竞争力的策略。在此背景下，里根总统于 1983 年成立了直属白宫的产业竞争力委员会，波特教授作为关键成员，经过深入研究，于 1990 年正式提出国家竞争优势理论，为美国及全球各国制定竞争力提升战略提供了坚实的理论基础和策略指导。

（二）国家竞争优势理论的基本内容

波特认为，"一个国家的竞争优势，就是企业、行业的竞争优势，也就是生产力发展水平上的优势"[①]。一个国家的兴衰，其深层次根源在于能否在全球市场中占据竞争优势地位。而这一竞争优势的核心，在于能否成功培育出具有优势的主导产业。主导产业的崛起，从根本上讲，依赖于生产率的显著提升，而生产率的增长动力则源自企业内部的创新机制。从宏观视角审视，国家的竞争优势构建根植于四个基础性要素与两个辅助性要素。基础要素包括要素条件、需求条件、相关及支持产业、企业战略与结构及其竞争环境；辅助要素则为机遇与政府角色。

1. 要素条件

此要素聚焦于国家所拥有的各类生产资源，涵盖人力资源、物质资源、知识资源、资本资源及基础设施等。要素进一步细分为初级与高级、专门与一般两大类别。初级要素如自然资源、气候条件及基本劳动力，多属自然赋予，获取成本较低；而高级要素，如高科技人才与熟练的劳动力，则需长期投资培育，是国家长远竞争优势的关键所在。一般要素泛指广泛适用的资源，如完善的公路系统与高素质雇员；专业要素则特指特定领域的专家团队、专用设施及专业知识，如专注于光学研究的科研机构，此类要素能更有效地为国家塑造独特的竞争优势，因为它提供的不仅仅是基础性的优势，而是难以被其他国家轻易复制的差异化优势。

2. 需求条件

需求条件对国家竞争优势的塑造，主要通过国内市场需求的结构与特性来体现。国内市场的独特需求促使企业对市场需求形成差异化的理解与响应策略。当国内需求能及早预示市场趋势，或迫使本土企业较国际竞争者更快

---

① ［美］迈克尔·波特著；李明轩译. 国家竞争优势 ［M］. 北京：华夏出版社，2002.

25

地进行产品与技术创新时，该国便更易于培育出竞争优势。尤为重要的是，国内市场的三个特征——细化的需求结构、老练和挑剔的买主以及前瞻性的买方需求，对于塑造国家竞争优势具有举足轻重的作用。这些特征不仅加速了产品与服务的迭代升级，也提升了企业的国际竞争力。在探讨企业竞争优势的影响因素时，独立消费者数量的增减、需求增速、需求规模及市场饱和时点也是塑造国家企业竞争力的重要考量。

3. 相关产业和支持产业

国家产业的持续竞争优势构建，依赖于其国际竞争力强劲的供应链体系及相关产业的协同发展。相关产业指的是那些通过共享技术、营销渠道或服务，或具有互补特性的产业间关联而连接在一起的产业。而支持性产业则通过以下几种关键途径为下游产业赋能：（1）高效及时地提供成本最低的投入品给国内企业，确保生产效益；（2）与下游产业保持紧密合作，促进产业协同与升级；（3）激发并推动下游产业的创新活动，共同提升整体竞争力。

4. 企业战略、结构和竞争

企业战略根植于其建立、组织及管理的环境之中，同时深受国内竞争格局的影响。各国企业在设定目标、实施战略及组织构建上展现出鲜明的特色，这些差异性源于对特定策略与资源配置的独特选择与融合。

国家竞争优势的构建，关键在于找到适应本国环境与产业竞争优势的管理模式，以此强化国际竞争地位。不同国家的企业追求各异的目标，对不同级别员工采取的激励机制也有差异。值得注意的是，国内竞争的激烈程度是塑造与维持国家竞争优势的关键因素。它不仅有效抵御了外国竞争者的渗透，还通过模仿效应、人才流动效应等机制，推动行业竞争升级，促使企业不断向海外拓展。

概括而言，国家竞争优势的根基由四大核心要素构成，这些要素的动态变化直接反映并驱动国家竞争地位的演变。然而，除上述四大因素外，机遇与政府作为两大重要变量，同样不可忽视。

机遇涵盖范围广泛，突破性发明、技术革新、成本结构突变、汇率重大波动、国际市场需求的突发增长以及战争等外部事件都属于机遇，它们有能力颠覆既有竞争格局，使领先者失势，同时为落后国家的企业提供弯道超车的机会。但机遇的效应并非绝对，其影响力大小及最终成果取决于企业如何结合前述四大核心要素进行策略调整与应对。

政府在塑造国家竞争优势中的作用也十分关键。政府可通过财政补贴、资本市场调控、教育政策制定等手段，直接影响企业战略与资源的配置效率；通过设立行业标准、制定规则等措施，引导市场需求方向；同时，它还能通过优化产业生态、调整支持性产业政策，深刻影响企业的竞争策略、组织结构及市场格局。因此，政府作为调控者与支持者，其角色在提升国家竞争优势的过程中不可或缺。尽管政府在背后发挥着重要作用，其影响力主要通过对四大关键决定因素的调控与影响来体现，因而并未直接被归类为决定因素之一。

（三）对国家竞争优势理论的评价

迈克尔·波特的国家竞争优势理论，作为国际贸易理论领域的补充，成功弥补了过往理论的空白，为长期悬而未决的学术议题提供了有力解答，显著推动了国际贸易理论的发展进程。其核心贡献可精炼概括为以下几个方面。

1. 提出了一个重要的分析工具

波特独创性地提出了国家竞争优势的决定因素模型，该模型涵盖了四大核心决定因素及两大辅助因素，为深入分析国家竞争优势的根源、预测其演进趋势及评估长远潜力，提供了强有力的分析工具。此框架揭示了不同因素间的范围、质量及相互作用机制如何共同塑造一国产品与服务的种类、生产效率，进而决定其国际市场价值与相对增长优势，最终影响国家竞争优势的强度、结构与持续性的奥秘。它还通过对比分析不同国家的决定因素系统，清晰揭示了各国竞争优势的具体领域、强度及持久性，有效回应了为何国家间竞争优势存在差异、哪些条件促成了特定竞争优势的长期保持等历史难题。

2. 强调动态的竞争优势

传统比较优势理论侧重于静态的要素禀赋分析，难以阐释如日本、韩国等资源匮乏国如何在多领域脱颖而出，资源丰富的国家却常陷发展困境的现象。波特理论则从动态的竞争优势角度比较圆满地解释了这一问题。他认为，日本、韩国等国的竞争优势源自持续创新的要素优势创造，这种动态优势不仅更加稳固，且能随知识积累与时间推移而不断增强。相反，依赖静态要素禀赋所获竞争优势，终将因资源枯竭而减弱，凸显了动态竞争优势的优越性与长远价值。

3. 强调国内需求的重要性

在竞争优势理论中，国内市场需求不仅是企业创新的源泉，更是塑造企业独特竞争优势的关键驱动力。国内市场的规模、成熟度、消费者偏好及其变化，都能促使企业不断调整策略、优化产品与服务，进而在国际市场上脱颖而出。

4. 强调国家在决定企业竞争力方面的关键作用

面对全球化浪潮下生产活动的跨国界布局，部分观点认为国家的边界变得模糊，企业能在全球范围内灵活配置资源，似乎减弱了国家对企业竞争力的直接控制。然而，波特等学者指出，尽管全球化促进了资源的全球流动，但企业竞争力的根基仍深深扎根于国家的土壤之中。国家通过政策环境、基础设施、教育体系、法律制度等多方面因素，为企业提供了不可或缺的支撑与激励，使国内的决定性要素在国家的引导和扶持下得以充分发挥效用。因此，在全球化背景下，国家非但没有退居幕后，反而以更加积极和复杂的方式参与并影响着企业竞争力的塑造。

（四）国家竞争优势理论的发展

波特的国家竞争优势理论，在剖析如美国、日本、德国及英国等发达经济体之国际竞争地位根源时，展现了强大的阐释力和说服性。上述国家凭借其优异的国内经济生态系统，恰好吻合了波特模型的核心要素，使企业能植根于"母国基地"，构筑起难以撼动的竞争壁垒。然而，转向小型经济体、发展中国家，其现实经济状况往往难以直接匹配波特的"钻石模型"所要求的条件，诸如市场规模受限、资本与技术短缺等问题突出影响了其发展与匹配。在此情境下，如何为这些国家开辟出竞争优势的培育路径，波特理论未给出详尽答案。

面对这一空白，国际学术界纷纷对"钻石模型"进行了丰富与拓展。鲁格曼及其团队以加拿大为样本，创造性地将原始模型升级为"双重钻石模型"，这一改良版更加贴近加拿大特色竞争优势的构建逻辑。穆恩等学者更进一步，他们认为"双重钻石模型"不应仅局限于加拿大分析，而是可以推广至所有小型经济体的分析工具，提出了"一般化的双重钻石模型"，显著增强了其普适性和深度。此外，韩国首尔大学的乔东逊教授以韩国发展轨迹为蓝本，创造性地构建了"九要素模型"，该模型特别强调了非传统竞争因素的作用，使它对于理解发展中国家的经济竞争力提升具有独特价值。

六、新新贸易理论

21世纪，新新贸易理论悄然兴起，它站在克鲁格曼新贸易理论的基础上，由哈佛大学的赫尔普曼、梅里兹及安切斯等学者共同提出。该理论深刻指出，国家参与国际经贸的格局与深度，已不再单一受制于比较优势与自然资源的先天禀赋，而是越来越多地取决于其企业的运营效能、技术创新与市场竞争实力。高效且竞争力强大的企业群体，能够将全球市场纳入自身战略版图，实现跨国界的资源整合与市场开拓；反之，则可能面临本土市场的局限，甚至生存危机。这一洞见同样适用于企业投资决策的跨国布局，揭示了现代国际经贸格局下企业策略选择的复杂性与多维性。

（一）新新国际贸易理论产生的背景

新贸易理论是指20世纪80年代初以来，以保罗·克鲁格曼（Paul Krugman）为代表的一批经济学家提出的一系列关于国际贸易的原因、国际分工的决定因素、贸易保护主义的效果以及最优贸易政策的思想和观点。起初新贸易理论旨在用实证的方法解释贸易格局，填补传统贸易理论的逻辑空白，后来发展成为以规模经济和非完全竞争市场为两大支柱的完整的经济理论体系。自赫尔普曼和克鲁格曼提出新贸易理论以来，在近20年中国际贸易理论的前沿进展甚少，其分析视角主要从国家或产业层面入手，模型中企业是同质的、无差异的，无法解释国际贸易中更为微观层面的许多现象。如为什么同一产业内有的企业从事出口，而其他企业却仅仅涉足于国内市场等问题。直至2003年梅里兹提出"异质企业贸易模型"，以企业层面研究国际贸易的新新贸易理论才得以发展成形。

（二）新新国际贸易理论的主要内容

新新贸易理论由两大核心分支构成：一是以梅里兹（Melitz）为代表的异质企业贸易模型，该模型深入剖析了企业开展出口贸易的原因；另一分支则围绕安切斯（Antras）提出的企业内生边界模型展开，该模型专注于探讨企业选择不同资源配置模式（如公司内贸易、市场交易、外包）的内在驱动因素。两者共同聚焦于解释企业为何及如何以出口或 FDI 形式进军国际市场。

1. 新新贸易理论的异质企业贸易模型

1995 年，伯纳德与杰森通过对美国企业的实证研究揭示了一个显著现象：仅少数美国企业涉足出口领域，且这些出口企业在规模、生产率、薪酬水平、技术工人比例及技术资本密集度等方面显著优于非出口企业。这种企业间的显著差异被定义为"异质性"，异质企业贸易模型正是基于这一发现，进一步探讨异质性如何影响企业的国际贸易行为及其对生产率增长和社会福利的贡献。

梅里兹的异质企业贸易模型核心在于，同一产业内企业因生产率各异而面临不同的市场竞争环境和进入出口市场的门槛。企业需先评估自身生产率，再考虑是否承担出口成本以进入国际市场。模型预测，国际贸易的开展将自然筛选出生产率较高的企业进入出口市场，而低生产率企业则可能局限于本土市场甚至被市场淘汰。这一过程促进了资源从低效企业向高效企业的重新配置，进而提升了整个产业的生产率水平，这种因资源优化配置而形成的贸易利得，是传统贸易理论未曾触及的新视角。

此外，一个产业部门的贸易开放，往往会使市场竞争加剧，还伴随着工资提高与其他要素价格的上涨，这进一步压缩了生产率最低企业的生存空间，迫使它们退出市场，从而促进了资源的有效整合与产业的优化升级。在国际贸易的框架内，企业生产率成为决定其市场策略与生存状况的关键因素。顶尖生产率的企业凭借其高效生产能力，能轻易覆盖海外营销的固定投入，进而启动出口业务，拓展至全球市场。相比之下，中等生产率的企业则专注于本土市场，维持并优化它们在国内的竞争力。这一过程促进了市场内部的资源再分配，显著地偏向于那些双轨运行的企业——它们既服务于国内又从事出口，从而实现了更广泛的销售覆盖和更高的生产效益。而生产效率最低的企业，因难以在竞争中立足，最终退出市场，这一过程实质上是对整个产业的一次优胜劣汰，推动了行业整体生产率的提升。进一步分析，当国际贸易环境发生有利变化，如关税的削减、运输成本的降低或是出口市场规模的扩大，这些积极的外部因素如同催化剂，会进一步加速产业生产率的增长步伐。

2. 新新贸易理论的企业内生边界模型

在企业国际化战略的推进中，核心决策维度聚焦于两大方面：一是市场扩展的战略方向，即企业是否维持本土市场运营或积极向国际市场拓展；二是市场准入策略的选择，包括是通过出口途径还是外国直接投资（FDI）来渗透海外市场。尽管传统模型能有效解释企业为何寻求海外生产动因，却未能充分阐述为何此类海外生产活动更倾向于企业边界之内完成，却不选择采用市场交易、分包或许可等普遍使用的方式。为弥补这一理论空白，新新贸易理论框架下的企业内生边界模型应运而生，该模型创新性地融合了国际贸易与企业理论的精髓，聚焦于企业个体层面的组织决策动态。

安切斯和赫尔普曼深刻剖析了企业异质性如何塑造其边界、外包与内包策略的选择，为洞察企业全球化进程与产业组织变革提供了新颖的理论视角。

企业内生边界模型强调，在国际化过程中，企业需精心权衡一体化与外包策略，这两种策略均可细化为国内与国际两个维度：

（1）国内一体化（或国内内包），即企业将其生产活动严格限定在本国境内，不涉及跨境生产或贸易活动。

（2）国际一体化（也称国际内包或垂直 FDI），涉及企业在海外设立分支机构以生产中间品或零部件，并通过内部贸易网络将这些产品输回本国，以支持最终产品的制造，此过程高度依赖于公司内部的跨国贸易体系。

（3）国内外包，是指企业利用国内外包服务商来承担部分生产流程，以实现生产的灵活性与成本效率优化。

（4）国际外包，则是指将中间品或零部件的生产任务委托给海外的第三方制造商，随后通过国际贸易体系将这些产品引入国内进行后续处理或组装。

企业根据其独特的资源基础与竞争优势，在制定生产组织模式时会做出差异化的战略选择。特别是，资本密集型和技术密集型企业更倾向于采用内部一体化或垂直一体化的生产模式，以最大化其资源利用效率和核心技术优势。这类企业倾向于构建并依赖母公司与子公司之间，以及子公司相互之间的内部交易网络，以此策略减少对外部市场的依赖性，旨在实现更加高效且可控的全球生产布局与资源配置。

（三）对新新贸易理论的评价

梅里兹异质企业模型的新新贸易理论，为国际贸易研究开辟了一片新天地，其核心贡献集中体现于以下几方面。

1. 新新贸易理论确立了新的研究视角

步入 21 世纪，新新贸易理论的出现，打破传统新古典贸易理论及新贸易理论以产业为研究单元的局限，转而聚焦于企业层面，特别是异质企业的贸易与投资行为。通过细化分析单元，该理论构建了微观基础，提供了理解国际贸易的全新视角。具体而言，新新贸易理论借助异质企业贸易模型，深刻解释了为何仅部分企业选择出口或进行对外直接投资，从而揭示了国际贸易实践的复杂性。此外，通过引入企业内生边界模型，并巧妙融合产业组织理论与契约理论的概念，新新贸易理论不仅阐明了公司内贸易模式，还对企业全球化生产战略的理论进行了创新优化。

2. 新新贸易理论创新了研究方法

作为对传统贸易理论和新贸易理论的重要补充，新新贸易理论在研究方法上实现了显著突破。它基于垄断竞争模型，大胆放松了企业同质性的假设，从企业异质性的角度出发，重新诠释了贸易现象。尤为关键的是，该理论成功地将企业生产率作为内生变量纳入模型，极大地丰富了贸易理论的研究层次，实现了从企业个体特征出发到探讨国际贸易行为的飞跃。

虽然新新贸易理论体系日臻完善，但其严格的假设条件也限制了其解释力的全面性。首要挑战在于对产品差异性考虑的不足。现代市场竞争中，产品差异不仅限于基本功能，更涵盖了技术含量、功能多样性、质量及市场定位等多个维度。随着企业对产品差异化和市场细分的重视，市场被细分为高端与低端，不同企业根据自身产品特性选择目标市场。然而，新新贸易理论当前尚难以全面解释一些差异驱动的产业内贸易现象。此外，企业异质性内涵的进一步挖掘也是未来的研究方向。除了生产率、企业规模和组织结构外，跨国经营方式、企业战略等同样是企业异质性的重要组成部分。随着全球经济一体化的深入，企业跨国经营策略的选择对国际贸易格局产生着深远影响。因此，将更多企业异质性因素纳入分析框架，将进一步提升新新贸易理论的解释力与适用性，为国际贸易研究开辟更为广阔的天地。

第三节　国际贸易政策

世界各国都力求通过对外贸易政策的制定和实施，在现有的资源条件和发展水平下，开展国际贸易，参与国际分工，以最大限度地促进本国经济发展，获取最大限度的贸易利益。

一、对外贸易政策概述

（一）对外贸易政策的含义与目的

1. 对外贸易政策的含义

对外贸易政策是指一国政府为实现经济和政治目标，运用经济、行政或法律手段，对对外贸易活动进行管理和调节而采取的一系列措施。对外贸易政策属于上层建筑的一部分，是一个国家对外贸易活动的总体指导方针和原则。

2. 对外贸易政策的目的

（1）促进经济稳定与发展

优化本国产业结构，提高企业的竞争力；扩大本国产品的出口市场，增加就业，提高劳动者的收入；鼓励资本输入，鼓励引进国外先进技术及管理经验；获取规模经济效益。

（2）积累本国经济发展资金

通过对外贸易政策调整，增加国家财政收入，提高国家的经济福利；提高企业竞争力，实现利润最大化；积极参与社会分工和国际竞争，创收更多的外汇。

（3）改善国际经济与政治环境

通过实施和调整各种贸易政策，维护、改善和加强与他国之间的政治经济关系，为一国对外贸易发展建立一个良好的外部环境。

（二）对外贸易政策的基本类型

自对外贸易产生与发展以来，对外贸易可以分为两种基本形式：一是自由贸易政策，二是保护贸易政策。

1. 自由贸易政策

自由贸易政策是指国家取消对进出口贸易的限制和障碍，取消对本国进出口商品的各种特权和优惠，使商品和服务能够自由地输出和输入，在世界市场上自由竞争与合作，从而使资源得到最合理的配置。

2. 保护贸易政策

保护贸易政策是指政府采取各种政策限制商品和服务的进口，以保护本国商品和服务在本国市场上不受或少受外国同类商品和服务的竞争。同时，对本国的出口商品和服务实行补贴和优待以提高其国际竞争力，扩大出口贸易规模。其实质是"奖出限入"。

（三）对外贸易政策的演变及成因

1. 资本主义生产方式准备时期

为促进资本原始积累，西欧各国推崇重商主义，通过限制货币（贵金属）的出口和扩大贸易顺差的方法增加黄金白银的流入，积累财富。

2. 资本主义自由竞争时期

这一时期，资本主义生产方式占据统治地位，世界经济进入资本国际化阶段。由于英国率先完成工业革命，成为较发达的资本主义国家，它主要推行自由贸易政策。

但由于欧美各国经济发展水平不同，在比较落后的资本主义国家，如德国、美国，执行以保护幼稚工业为目标的保护贸易政策。

3. 19 世纪末到第二次世界大战之前

这一时期，垄断资本主义出现并得到加强，资本输出占据统治地位。由于 1929—1933 年经济大危机的冲击，英国放弃了自由贸易政策，主要资本主义国家开始推行带有垄断性质的超保护贸易政策。

4. 第二次世界大战之后

先是由于美国对外扩张的需要，后因为生产和资本国际化发展的要求，国际分工迅猛发展，贸易自由化政策成为发达国家起主导作用的贸易政策。多数发展中国家根据各国发展需要，制定和执行相应的保护贸易政策，但总体趋势是多数发展中国家的外贸政策从内向型的保护转向外向型的保护。

5. 20 世纪 70 年代中期之后

这一时期，经济发展由于两次经济危机的爆发而放缓，出现失业等市场问题，以美国为首的发达国家转而采取新保护贸易政策。

6. 20 世纪 80 年代中后期

这一时期，各国经济之间的联系日益加强，世界经济政治关系发生巨大变化，发达国家开始推行协调管理贸易政策，它们对内制定对外贸易法规和条例，加强对本国进出口的秩序化管理；对外签订各种对外经贸协定，协调和发展与他国的经济与贸易关系。

7. 进入 21 世纪以来

21 世纪，主流的对外贸易政策是由保罗·克鲁格曼提出的超贸易保护主义政策。其理论强调了国家的贸易政策的作用，以中观产业的角度指出可以由国家干预贸易来提升其地位，进而促进战略性贸易政策体系（主要是对于高新技术产业）的产生，使国家在短时间可以扶植相关产业，加强国际竞争力。

（四）对外贸易政策制定的主要依据

从世界经济贸易发展过程来看，自由贸易政策和保护贸易政策的制定和实施受到了世界经济发展和贸易大国竞争力变化的影响。因此，在不同历史时期，不同国家的贸易政策选择不同，程度也不相同。一般来说，影响对外贸易政策制定的因素主要有以下几个。

1. 经济发展力量的强弱

经济发展力量的强弱对贸易政策的选择有重要的影响。具体而言，经济高度发达、商品在国际市场上具备强劲竞争力的国家，更会选择采纳自由贸易策略。相反，面对本身经济相对滞后、商品竞争力不足的局面，国家则大概率采取保护主义贸易措施，以缓冲外部竞争压力，扶植本土产业发展。值得注意的是，即便是倡导自由贸易的西方国家，在实践中也常对自己的特定产业实施保护，却利用"自由贸易"之名要求他国，期望他国开放市场。当然，保护贸易政策并不等同于全面封闭，而是依据产业特点与市场条件，实施差异化的保护程度。

2. 本国的经济结构和经济状况

在传统农业与手工业仍占主导地位的经济体中，为保护既有产业并扶持新兴工业的成长，保护贸易政策往往是首选。而当经济结构完成现代化转型，拥有成熟工业体系后，国家则更倾向于自由贸易，以进一步融入全球经济体系。

经济状况的波动也直接影响贸易政策的倾向：经济低迷期，如失业率高、贸易逆差加剧、国际收支失衡及商品竞争力下滑等，往往促使政策向保护主义倾斜；反之，经济回暖则带动自由贸易政策的复兴。

3. 本国利益集团的影响

不同的对外贸易政策对本国不同的利益集团会产生不同的影响，因此，一国在制定对外贸易政策时，往往要考虑某些利益集团的要求，这也不可避免地造成各种利益集团在外贸政策上的冲突。例如，一方面，自由贸易政策能够惠及出口企业、贸易中介及消费者，但会对进口竞争行业构成挑战；另一方面，某些行业及其关联力量也会成为推动贸易保护政策的主力军。两股力量对比的消长，直接对对外贸易政策的制定产生重大影响。

4. 国际政治经济环境和一国的外交政策

通常情况下，对于政治外交关系稳固、经济互补性强的国家，一国更可能开放市场，扩大产品和技术交流。这种基于相互信任与合作的关系构建，有助于促进双方经济的共同繁荣与发展。在当今全球化的经济格局下，对外贸易政策与外交关系的紧密联系愈发显著，二者相辅相成，共同推动着国际交流的深化。外交政策常常作为对外贸易的护航者，通过减少贸易摩擦、保障市场准入，为经济活动的顺利开展铺平道路。许多国家采用经济外交策略，旨在拓宽国际市场，促进产品跨境流动，从而加速经济增长。

5. 他国的利益以及国际规则

制定对外贸易政策时，各国固然以维护本国核心利益为基石，但在全球化浪潮下，孤立与对立的经贸关系模式已难以维系。若各国仅着眼于自身利益制定政策，国际贸易体系将面临瓦解的风险，从而导致贸易秩序混乱，分工体系崩溃，最终损害所有参与者的利益。因此，兼顾他国合理诉求，寻求贸易互利的平衡点，成为制定外贸政策的必要考量。这不仅有助于构建和谐的贸易环境，还能有效避免贸易伙伴的反制措施，维护长远的国际合作关系。

进一步而言，实现贸易的可持续发展与互利共赢，离不开国际层面的政策协调。这要求各国将各自的对外贸易政策视为全球贸易体系的一部分，通过协商与合作，确立一套普遍接受的"游戏规则"，即国际贸易规则与标准。这样的制度安排有助于降低交易成本，提高市场透明度，为各国在公平竞争中获取贸易利益提供制度保障。

综上所述，一国对外贸易政策的选择，必须紧密结合本国经济发展阶段及国际形势变化，既要积极融入全球价值链，增强国际影响力与话语权，又要审慎评估政策实施的外部效应，力求在获取贸易利益的同时，最小化对他国及全球经济的负面影响。总之，制定科学合理的对外贸易政策，旨在促进国际合作与共赢，而非孤立于世界贸易体系之外。

二、重商主义政策

（一）重商主义理论

重商主义（Mercantilism）是 15—17 世纪欧洲资本主义生产方式准备时期代表商业资产阶级利益的一种经济思想和政策体系，是典型的保护贸易理论。

1. 产生背景

重商主义的产生有着深刻的历史背景。15 世纪以后，西欧封建自然经济逐渐衰落，商品货币经济不断发展，封建主阶级力量不断削弱，商业资产阶级力量不断增强，社会经济生活对商业资本的依赖日益加深。此时，社会财富的重心已经由土地转向贵金属，货币具有至高无上的权威，并被认为是财富的代表和国家富强的象征，成为社会各阶层追求的对象。由于欧洲国家缺乏金银矿藏，获得金银的主要渠道来自流通，尤其是从对外贸易顺差中取得。因此，对外贸易被认为是财富的源泉，重商主义理论应运而生。

2. 主要论点

早期重商主义被称为重金主义，即绝对禁止贵重金属的外流。它流行于 15 世纪到 16 世纪中叶，以"货币差额论"为中心，代表人物是英国的威廉·斯塔福（W.Stafford），他们反对进口，认为一切进口都会减少货币，而货币的减少对本国是有害的；对外应该少买或者根本不买。同时他们主张鼓励出口，应该多向国外销售产品，销售得越多越好；出口产品越多，从国外吸收的货币就越多；严格禁止货币流向国外。

晚期重商主义，即贸易差额理论，在托马斯·孟的经典著作《英国得自对外贸易的财富》（1664 年）中得到了系统性阐述，其核心在于探索国家财富增长的奥秘。孟氏理论认为，国家财富的扩增应聚焦于对外贸易领域，追求贸易顺差作为关键路径，即出口价值超越进口，确保货币净流入国内。他摒弃了旧有重商主义的金银禁锢观念，创新性地提出"货币产生贸易，贸易增多货币"的良性循环理念。为实现这一目标，孟氏主张积极扩大农产品与工业制成品的出口，同时采取措施限制外国商品的涌入，并鼓励发展加工与转口贸易，以拓宽贸易渠道。

（二）重商主义贸易政策

1. 早期重商主义

（1）禁止货币出口，由国家垄断所有的货币交易。

（2）外国人来本国进行贸易时，必须将销售货物的全部款项用于购买本国的货物。

英国政府对进出口贸易的控制更为严格。凡是英国出口商只能到国外指定的地点进行交易，并规定每次出售英国商品所得到的货币，必须包括一部分外国货币或金银，以便运回本国。

2. 晚期重商主义

晚期重商主义执行的是奖励出口、限制进口的贸易政策与措施。

（1）限制进口的政策

① 限制非生产性产品进口。对生产用的原料鼓励进口，对非竞争性产品允许进口。对竞争性产品限制进口，禁止奢侈品的进口。

② 实行差别式的保护关税。对于竞争力强的进口商品，征收很高的保护关税，以抵消它们的竞争力。

（2）促进出口的措施

① 减免关税。对本国商品的出口，除减低或免除出口关税，还给予各种补贴。

② 出口退税。当国内生产的商品出口后，把在国内已征收的国内税退还给出口厂商。

（3）管制短缺物资出口

禁止重要原料的出口，但许可自由进口原料，加工后再出口。

（三）重商主义理论与政策评价

1. 积极意义

重商主义理论开创了贸易保护理论的先河，第一次阐述了贸易保护的理由。经济学家熊彼特（Schumpeter）对重商主义的评价是："为 18 世纪末和 19 世纪初形成的国际贸易一般理论奠定基础。"[①]

这一理论不仅是对封建经济束缚的一次有力挣脱，更是对资本主义经济模式早期探索的里程碑。它深刻揭示了原材料与制成品贸易间巨大的价值利润空间，并强调了货币作为资本在流通尤其是国际贸易中的增值潜力。晚期重商主义因此成为指导国家经济繁荣、推动社会进步的重要思想理论基石。

2. 局限性

由于商业资产阶级的历史局限性和国际贸易实践的限制，重商主义贸易学说存在许多缺陷和不足。例如，重商主义贸易学说只研究如何从国外取得金银货币，而未探讨国际贸易产生的原因以及能否为参加国带来实际利益，也没有认识到国际贸易对促进各国经济发展的重要性。而且，它对社会经济现象的探索仅限于流通领域，未深入生产领域，没有认识到财富是在生产过程中产生的，流通中纯商业活动并不创造财富，因而无法解释财富的真正来源。

三、自由贸易政策

（一）自由竞争时期的自由贸易

1. 英国自由贸易政策的产生和胜利

英国自 18 世纪中叶开始进入产业革命，确立了资产阶级在国内的统治地位，机器工业代替了民族手工业，工业生产迅速发展。19 世纪英国成为最强的工业国家，它的商品销往世界各地，原料、食品来自世界各地，英国当时被形容为"世界工厂"。重商主义的保护贸易政策已经成为束缚英国经济发展和影响英国工业对外扩张的严重障碍。因此英国新兴工业资产阶级迫切要求废除以往的保护贸易政策，主张在世界市场上实行无限制的自由竞争和自由贸易政策。

[①] ［美］约瑟夫·熊彼特著；郭武军译. 经济发展理论［M］. 北京：华夏出版社，2015.

从 19 世纪 20 年代开始，伦敦和曼彻斯特等地的英国工业资产阶级开展了一场大规模的自由贸易运动，运动的中心内容就是反对保护贸易的立法——《谷物法》。经过数十年的斗争，工业资产阶级终于在废除《谷物法》和原《航海法》、简化税法、降低关税税率和减少纳税商品项目等方面取得胜利。

2. 自由贸易政策的理论

亚当·斯密和大卫·李嘉图的国际分工、自由贸易理论为英国推行自由贸易政策提供了理论上的依据。后来一些经济学家，如穆勒和马歇尔，进一步对古典学派的论点进行了演绎和发展。主要论点有以下几个方面。

（1）自由贸易可以形成互相有利的国际分工

在自由贸易条件下，各国可以按照自然条件（亚当·斯密）、比较利益（大卫·李嘉图）或要素禀赋（俄林）的状况，专心生产最有利和有利较大或不利较小的产品，提高各国的资源配置效率。

（2）扩大国民的实际收入

在自由贸易条件下，每个国家都根据自己的条件发展最擅长的生产部门，生产要素会得到最有效的配置，再通过对外贸易以较少的花费换回较多的物品，实质上提高了国民的真实收入。

（3）自由贸易可以阻止垄断，加强竞争，提高经济效益

自由贸易使独占或垄断无法实现，企业必须通过开发、改进技术以及提高生产效率、降低成本等办法加强自身的竞争能力，提高经济效益。

（4）自由贸易有利于提高利润率，促进资本积累

李嘉图认为，"社会的发展势必导致工人的名义工资上涨，从而降低利润率，削弱产品的竞争力"[①]。为避免这一情况的出现，维持高水平的资本积累和工业扩张，就必须通过国际贸易从外部输入廉价的生活必需品，这样才能降低工人名义和实际工资水平。

（二）贸易自由化

第二次世界大战爆发，世界经济陷入混乱，国际分工与国际贸易处于停

---

① ［英］大卫·李嘉图著；郭大力译. 大卫·李嘉图全集［M］. 北京：商务印书馆，2013.

顿状态。第二次世界大战后，资本主义各国经济迅速恢复和发展，从 20 世纪 50 年代到 70 年代初期，发达国家对外贸易政策具有自由化的倾向。

1. 贸易自由化的表现

（1）关税大幅度降低

关贸总协定成员内部大幅度降低了关税。1947—1979 年，关贸总协定内部共进行了七轮多边贸易谈判，关贸总协定缔约方的平均进口税率从战后初期的 50%左右降到了 5%左右。欧洲经济共同体内部，成员国间成功废除了关税壁垒，实现了工业品与农产品的全面自由流通，例如，欧共体原六国之间工农业产品的自由流通于 1969 年完成，后加入的国家也已按计划完成，各成员国之间实现了关税的全部互免。特别是与欧洲自由贸易联盟（EFTA）的合作，自 1973 年起逐步削减工业品关税，至 1977 年全面实现互免，构建了一个覆盖 17 国、占据全球贸易总额约 40%份额的庞大工业品自由贸易区。1975 年，欧共体同非洲、加勒比和太平洋地区的 46 个发展中国家签订了《洛美协定》，为这些国家的产品——包括全部工业品及 96%的农产品提供了免税进入 EEC 市场的特权。随后，通过一系列后续协定的签订，这一优惠待遇扩展至超过 70 个 ACP 国家的商品，极大地促进了双方的经济联系与发展。此外，EEC 还积极扩展其全球贸易网络，与地中海地区、阿拉伯国家及东南亚多国缔结了优惠贸易协定，为特定商品设定了关税减让条款，进一步推动了国际贸易的自由化进程。自 1971 年起，超过 20 个发达国家向全球 170 多个发展中国家实施了普惠制（GSP），为制成品和半制成品提供了更为优惠的关税待遇，这一举措不仅促进了发展中国家产品的市场准入，也加速了全球经济一体化的步伐。

（2）非关税壁垒逐渐减少

第二次世界大战后初期，发达国家对许多商品进口实行严格的进口限额、进口许可证和外汇管制等非关税壁垒措施。随着经济的恢复和发展，这些国家在不同程度上放宽了进口数量限制，到 20 世纪 60 年代初，西方主要国家间进口自由化率已达 90%以上。由于各国国际收支状况的改善，20 世纪 50 年代，这些国家还在不同程度上放宽或取消了外汇管制，实行货币自由兑换。

2. 贸易自由化的特点

第二次世界大战后的贸易自由化是在国家垄断资本主义日益加强的条件

下发展起来的，它主要反映了垄断资本的利益，是世界经济和生产力发展的内在要求。它在一定程度上同保护贸易政策相结合，是一种有选择的贸易自由化。第二次世界大战后贸易自由化呈现出如下特点。

首先，发达国家间的贸易自由化要比它们对发展中国家及社会主义国家的自由化程度高。依据关税与贸易总协定（GATT）框架下的多边贸易协议，发达国家间大幅削减了关税壁垒，并放宽了数量限制措施，促进了彼此间贸易的无障碍流通。然而，面对发展中国家，尤其是劳动密集型产品，如纺织品、服装等，发达国家往往维持较高的关税水平，并辅以各类进口限制措施。对社会主义国家，这些限制更为严厉，不仅关税水平更高，还伴随着更为严格的非关税壁垒，如技术壁垒、许可证制度等，同时，还实施出口管制策略，进一步加剧了贸易不平衡。

其次，区域性经济集团内部的贸易自由化程度超过集团对外的贸易自由化程度。欧洲经济共同体内部取消关税和数量限制，实行商品完全自由流通，对外则有选择、有限度地实行部分的贸易自由化。

最后，不同类别商品的贸易自由化程度也存在显著差异。在工业制成品领域，贸易自由化程度较为深入，尤其是高端机器设备，因其高附加值和技术特性，往往受到较少的贸易限制。相比之下，农产品领域的自由化进程较为缓慢，它更容易受制于各国的农业保护政策，同时材料也更加敏感。进一步细分，工业制成品内部也存在差异，消费型工业品的贸易自由化程度虽有所提升，但仍不及机械设备等资本密集型产品。尤为值得注意的是，劳动密集型且被视为"敏感性"的产品，诸如纺织品、鞋类、皮革制品及罐头食品等，由于涉及就业与产业结构调整等复杂因素，常常受到较为严格的进口限制，成为贸易自由化进程中的难点与焦点。

3. 贸易自由化的主要原因

（1）美国对外经济扩张的需要。美国在第二次世界大战后发展成为世界头号经济强国，为了对外经济扩张，美国积极主张削减关税、取消数量限制，成为贸易自由化的积极倡导者和推行者。

（2）关税与贸易总协定的签订有力地推动了贸易自由化。关贸总协定以自由贸易为己任，通过多边贸易谈判的进行和贸易规则的实施，不仅大幅度地削减了关税，而且在一定程度上限制了非关税壁垒的使用。

（3）经济一体化组织的出现加快了贸易自由化的进程。各种区域性的自由贸易区、关税同盟、共同市场均以促进商品自由流通、扩大自由贸易为宗旨。

（4）跨国公司的发展推动了贸易自由化。跨国公司的大量出现和迅速发展促进了资本在国际市场中的流动，加强了生产的国际化，客观上要求资本、商品和劳动力等在世界范围内自由流动。

（5）国际分工的广泛和深入发展，分工形式的多样化，使商品交换的范围扩大，在一定程度上促进了贸易自由化的发展。

（6）世界各国发展经济的需要。西欧和日本为了迅速恢复和发展经济，发展中国家为了发展民族经济、扩大资金积累，它们也愿意通过减少贸易壁垒来扩大出口。

四、战略性贸易政策

20 世纪 70 年代以后，发达国家的经济增长速度普遍放缓，欧洲国家失业率不断增加。在美国，由于工资水平上涨缓慢，实际购买力不断下降。堪称世界经济增长奇迹的日本在 20 世纪 90 年代也开始经历长时期的经济增长停滞与下降。发达国家如何作为才能改善其经济发展的现状？一种要求国家干预，通过对某些所谓战略产业进行扶持以刺激经济增长的新的理论观点即战略贸易理论出台。虽然不能武断地评述自由贸易与保护贸易孰优孰劣，但从全球资源配置效率的角度看，无疑自由贸易会成为首选，贸易保护会为采用该举措的国家带来利益损失。但战略贸易理论却认为，在一定条件下一国可以通过采取能够赋予某些国内产业以竞争优势的政策而获得利益。

（一）战略性贸易政策的含义

战略性贸易政策，作为一种国家层面的战略考量，旨在通过实施关税、出口补贴在内的多种政策措施，对具有或潜在具备战略重要性的部门及产业给予强有力的支持与资助。这一政策的核心目标在于使这些部门或产业在国际市场上获得竞争优势，进而实现国家整体经济效益的提升与国民福利的增加。战略性贸易理论是基于寡头市场结构的理论，在经济学模型中一般需要使用博弈论来进行分析。因此，"战略"一词在这里也具有"博弈互动"的意思。

（二）战略性贸易政策理论构成

1. 政府干预是实现规模经济的最优途径

在国际贸易中，面对非完全竞争的市场环境与规模经济的显著影响，垄断利润的存在已成为不争的事实。企业的垄断力量与它在市场中获取的超额利润直接相关，即垄断力量越强，代表着所获得的垄断利润就越高。如今在竞争力激烈且技术飞速发展的环境下，后起国家的企业要想在国际市场上占据一定的地位，仅凭自身力量从零开始积累与成长，是难以实现的。在此背景下，企业可以借助政府的力量来实现这一目的，这是最直接，也是最有效、最迅速的途径。即政府可以精选那些具备发展潜力、有望在未来引领行业潮流的产业，作为重点扶持对象，进而促使企业扩大发展规模，获得更多的经济效益。

2. 外部经济效应方面的战略性政策干预

所谓外部经济效应是指某一产业的经济活动对其他产业产生的有利影响。新兴的高技术产业往往具有这种积极的外部经济效应，所创造的知识、技术和新产品对全社会的科技进步与经济增长有着积极的推动作用。

这方面的贸易政策往往要和产业政策相配合才能达到预期效果，具体包括信贷优惠、国内税收优惠或补贴、对国内企业进口中间品的关税优惠、对外国竞争产品进口征收关税等措施。

3. 布兰德和斯潘塞"以补贴促进出口"的论点

布兰德（James Brander）和斯潘塞（Barbara Spencer）认为，传统贸易理论是建立在完全竞争的市场结构之上的，因而自由贸易政策为最优贸易政策。但现实中，不完全竞争和规模经济普遍存在，市场结构以寡头垄断为特征。基于产业组织理论与博弈论的深入研究成果，研究人员以一种创新性的视角，系统分析了在不完全竞争市场环境及规模经济效应并存的条件下，政府补贴政策如何作用于国家产业的成长与国际贸易格局的演变，并且还成功构建了战略性贸易政策理论的核心架构，为相关政策制定提供了坚实的理论基础。

他们认为，政府通过对本国厂商生产和出口的产品进行补贴，包括直接补贴和减税，可以使本国厂商实现规模经济，降低产品的边际成本，从而使本国产品可以在国内外竞争中占有较大的市场份额和垄断利润份额。同时未来规模经济的实现也可以为消费者带来利益。因而，政府可以运用补贴对国外的竞争对手构成威慑，迫使它们减产或影响它们在国际市场的战略地位，而这一点上只有厂商的力量是达不到的。

关于战略性政策的行业选择标准，斯潘塞认为，如果本国产业相对于外国竞争者有相当大的潜在的成本优势，增加生产会带来相当大的规模经济，那么扶持政策的效果将更明显。

布兰德自己也认为，战略性贸易政策的实施会招致贸易对手国家的报复。在当今全球化的舞台上，各国政府所处的战略环境就像寡头厂商所面临的环境，也就是说不仅每一个参与方自身的行动会决定着自己的所得，同时竞争对手的行动也会决定着参与方的所得。当政府作为这一复杂博弈中的参与方时，一个国家的整体福祉不仅由本国贸易政策所决定，还由外国的贸易政策所决定。具体而言，大致可分为三种情况。第一，一国政府可能选择通过实施一系列保护措施，为本土企业构筑起一道坚实的防线，以此在国际市场的激烈竞争中为它们争取到宝贵的竞争优势。第二，所有国家都试图通过补贴保护国内厂商，但没有一个国家取得成功。第三，所有国家都放弃补贴保护的想法和做法。

（三）战略产业的确定

1. 高附加值产业

一个国家的国内生产总值由全国各产业部门所贡献的附加值总和构成。简而言之，国内生产总值的增长直接反映了国家经济实力的增强。在众多产业中，高附加值产业就是低投入、高产出的产业。为了促进经济的持续繁荣与国民福祉的全面提升，政府可以将目光投向那些具备战略性的目标产业——即高附加值产业。政府可以通过实施一系列扶持政策，增强这些产业的国际竞争力，进一步拓宽其市场份额，最终实现国民福祉的显著提升和社会经济的全面协调发展。

2. 高科技产业

简而言之，高科技产业就是依托产品与生产工艺的迅猛革新来获得成功的产业。在当今社会，被广泛认可并视为高科技领域支柱的几大行业，主要包括生物工程、远程通信技术、新型材料以及计算机软件技术等。

3. 规模经济效应明显、市场结构集中的产业

有的产业例如飞机制造业，需要大规模的固定成本投资，是典型的具有规模经济效应的产业。这类产业往往市场结构集中，整个世界市场上能够容纳的生产企业为数不多，因此这类产业往往具有一定的超额利润，是各国实行利润转移的主要目标产业。

（四）对战略性贸易政策理论的评价

1. 贡献

（1）战略性贸易政策强调了政府干预对外贸易的必要性

战略性贸易政策理论是国际贸易新理论在国际贸易政策领域的反映和体现。与传统的自由贸易理论不同，该理论精巧地论证了在现实经济与自由贸易理论前提相背离的情况下，政府干预对外贸易的必要性，并强化了政府干预的理论依据。它对发达国家和发展中国家的贸易和产业政策都产生了较大的影响，美国克林顿政府的对外贸易政策就是战略性贸易政策，许多发展中国家的贸易保护也从该理论中得到了一定启示。

（2）战略性贸易政策在研究方法上的突破

战略性贸易政策理论在国际贸易理论研究方法上的突破，主要体现在对产业组织理论和博弈论的分析方法和研究成果的借鉴与运用，其中对博弈论的运用较为广泛。

2. 局限性

（1）战略性贸易政策的实施条件过于苛刻

战略性贸易政策理论，在探讨政府干预的议题上，并未提供一个普遍适

用的解决方案。其理论体系的构建与有效性，深植于一系列严谨且特定的前提与限制条件之中。具体而言，实施战略性贸易政策不仅要求市场环境满足不完全竞争和规模经济这两个核心要素，还强调政府必须掌握全面而准确的信息资源，对实行干预可能带来的预期收益心中有数；接受补贴的企业必须与政府行动保持一致，且能在一个相对较长的时期内保持住自身的垄断地位；产品市场需求旺盛，被保护的目标市场不会诱使新厂商加入，以保证企业的规模经济效益不断提高；别国政府不会采取针锋相对的报复措施。一旦这些条件得不到满足，战略性贸易政策的实施就不会取得理想的效果，甚至无效。

（2）战略性贸易政策容易招致贸易伙伴的报复

战略性贸易政策常会因为贸易保护而导致两败俱伤。该政策的实施，必然会出现一方受益，而另一方受损的情况，并且战略性贸易政策的实施，并不会整体上提高世界的总福利水平，而是对全球福利分配的再调整。

（3）战略性贸易政策容易导致保护主义

该理论突破了传统的自由贸易观念，采用的是一种富有创意和攻击性的保护措施。这种做法导致过度地掠夺了其他国家和企业的市场份额与经济利益，从而经常被贸易保护主义者所曲解和滥用，进一步恶化了国际贸易环境。因此，许多严肃的经济学家，包括国际贸易新理论学派的一些学者都指出，对这一政策必须深刻理解和正确把握，切不可片面夸大或曲解其功效，以防贸易保护主义泛滥。

五、发展中国家的对外贸易政策

（一）进口替代政策

第二次世界大战后，初级产品对制成品贸易的比例下降，发展中国家国际支出与年俱增。为改变单一经济、发展民族工业，利用国内的工业制成品来代替同类进口产品的进口替代政策应运而生。拉丁美洲一些国家率先实施了进口替代政策，随后亚洲一些国家纷纷效仿。20 世纪 60 年代，进口替代成为发展中国家占主导地位的贸易政策形式。

1. 进口替代政策的含义

进口替代政策，作为一国经济发展策略的重要组成部分，旨在通过一系列综合措施，对特定外国工业品的进口施加限制，从而激励并加速国内相关工业品的生产与发展。这一政策的核心目标在于，逐步在本土市场上以国产商品取代原先依赖进口的同类产品，为本土工业体系的成长与壮大奠定坚实基础，进而推动国家整体的工业化进程。其深远意义在于，进口替代政策旨在促进经济自主与独立，力求通过减少乃至最终消除对某些关键商品的外部依赖，确保国内市场需求能够完全或主要由本国生产者来满足。它是内向型经济发展战略的一种典型体现。

进口替代政策在狭义层面上，主要指的是实施贸易手段，旨在通过国内生产的产品来直接替代某一具体商品的进口。然而，从广义的层面来理解，该政策的核心目标则在于通过减少或限制特定产品的进口，触发并推动国内经济结构发生深刻变革，或者创造向国内非传统领域进行投资的推动力，使资源有机会进入这个新的工业部门，促进生产活动的产生和扩大，从而使总体经济结构得到改善。

2. 进口替代政策的主要措施

为使国内替代产业得以发展，必须限制外国工业品的进口，增强替代产业在国内市场的竞争力，因此，实施进口替代战略必须有相应的配套贸易措施。在实施进口替代战略时，主要有以下几种贸易政策措施。

第一，进口配额。具体就是减少对非必需品的进口，限制各类商品的进口数量，但同时还要确保本国大力支持的工业企业能够进口中间产品和资本品，这样才能降低这些企业的生产成本。

第二，关税保护。也就是要对进口的最终消费品实施高关税，与此同时，对于生产最终消费品所需的资本品和中间产品要实施低关税，甚至免收关税。

第三，货币汇率的调整同样也是重要的策略之一。通过使本国货币升值，可以降低进口商品的成本，同时也减轻了因外汇不足而产生的压力。

第四，辅助的内部保护措施在资本、劳动力、技术、价格、收益等方面给予进口替代工业各种优惠。

3. 进口替代政策的优点

一个国家在推行促进工业化的政策时，首要任务是精准识别并选定适宜的工业部门作为进口替代策略的目标对象，即明确哪些工业领域将成为重点扶持的进口替代工业。这一过程通常聚焦于那些在国内市场上拥有一定需求潜力，但当前尚不具备与外国同类产品有效竞争能力的工业部门。随后，国家通过实施一系列保护性措施，助力这些原本处于进口竞争劣势的国内工业转型升级，使之转变为能够自主生产并满足国内需求的进口替代工业，从而加速整个国家的工业化步伐。

（1）进口替代政策将有助于刺激国内需求

进口替代政策主要是利用国内资源从事在国内具有较大需求的工业制成品的生产，它最大的特点是国家在某种程度上对经济的干预和保护。这一政策的启动，标志着国内大规模生产与投资浪潮的兴起，其深远影响首先体现在对国内投资需求的显著刺激上。当进口替代战略取得成功，即实现了对进口商品的有效替代时，经济格局将发生根本性转变——原本庞大的国外市场需求将被转化为国内市场的强劲内需，这一过程不仅极大地拓宽了国内市场的边界，更为激活与促进国内消费潜力铺设了坚实的基石。

（2）进口替代政策将为本国发展战略产业和实现工业化创造必备条件

进口替代政策通过学习与借鉴国际先进经验，不仅为国内孕育了众多技术与管理领域的专业人才，促进了工业结构的多样化与现代化转型。在这一过程中，某些关键产品的国产化得以实现，有效提升了国家的自给自足能力。更为重要的是，进口替代政策在减少对外部同类产品过度依赖的同时，也为国家财政带来了显著的积极影响。它大幅降低了外汇支出，这些原本可能用于进口商品的资金，转而成为国内建设的重要资金来源。这种资金的重新配置，为发展战略性产业提供了坚实的经济基础，推动了这些产业从依赖进口向自主创新、出口创汇的积极转变。

（3）进口替代政策将有助于提高一国的对外贸易水平

实施进口替代政策旨在积极开拓国内市场，有效减少对外部经济的过度依赖，从而为那些投身于全球化竞争浪潮中的企业提供坚实的国内支撑。此举不仅增强了国内经济体系的自主性，还随着国内企业实力的逐步增强，促进了其产品在国际市场上的竞争力提升。长远来看，这有助于优化一国的对外贸易结构，进而提升该国的对外开放层次与水平。

4. 进口替代政策存在的主要问题

进口替代政策对一些发展中国家的进口替代工业部门的发展起到一定作用，但也存在诸多问题，如高成本进口替代产业导致国际收支进一步恶化；非进口替代工业部门及农业部门得不到正常发展，带动国民经济发展的宗旨难以实现；进口替代工业的后续发展难以维持等，这些都迫使发展中国家调整其对外贸易政策。

进口替代政策在其实施过程中，不可避免地会对国内消费者产生一定影响，这种影响通常表现为消费者福祉的某种程度上的牺牲。此外，该政策还可能削弱该国与世界市场的紧密联系，导致一系列连锁反应：国内市场空间相对受限，生产成本因缺乏国际竞争而上升，整体经济效益下滑，产品质量难以达到国际先进标准，进而削弱了本国产品在国际市场上的竞争力。

因此，发展中国家在实施进口替代政策时，常会出现短期的国内轻工业发展，工业化步伐加快的情况。但是，随着时间的推移，这种策略的内在局限性逐渐显现，迫使这些国家不得不寻求转型，转而采纳出口替代工业化策略作为新的发展引擎。然而，出口替代策略在促进本国民族工业增长方面的作用也有其界限。它虽能减少对外国成品的直接依赖，但并未从根本上消除对外贸易的整体依赖性，反而将依赖转向了特定的进口项目，如关键原材料、技术专利、机器设备、中间产品及必要的资本输入等。更为复杂的是，当发展中国家试图通过提高关税壁垒来保护本土产业时，往往会遭遇来自发达国家的反制措施。发达国家会采取一系列手段，阻碍发展中国家的进口替代进程。

（二）出口导向政策

随着进口替代政策缺陷的显露，一些发展中国家尤其是新兴工业化国家开始重视制成品出口的必要性。自20世纪60年代起，许多发展中国家开始转向鼓励加工，鼓励工业产品出口，实施出口导向政策。东亚和东南亚一些国家率先实施出口导向政策，在其示范影响下，其他国家相继效仿。

1. 出口导向政策的含义

出口导向政策，也称出口替代政策，是国家层面实施的一种经济政策，其核心在于通过一系列政策措施，积极促进以出口为导向的工业部门的蓬勃发展。这一策略旨在通过鼓励生产并出口非传统型产品，来逐步替代传统的初级产品出口，以此方式扩大国家的对外贸易规模，并促进出口产品结构的多元化，进而推动工业体系乃至整体经济的持续增长与繁荣。

出口导向政策的核心策略在于促使国内工业生产转向全球市场需求，旨在通过制成品而非初级产品的出口来驱动经济增长。这一政策本质上属于外向型贸易政策，该政策遵循国际比较利益的原则，也就是扩大那些在国际市场上具有竞争优势的产品的出口规模，进而改善本国的资源配置，获得贸易利益，推动本国经济的发展。

这种模式有着显著的优点，也就是通过将本国产品置于全球竞争的舞台上，能实现高速且成效显著的经济增长，这一成就推翻了以往认为工业发展必须依赖进口替代策略的传统观念。

2. 出口导向政策的主要措施

出口导向战略下的贸易政策措施包括：出口补贴，这种补贴既可以针对出口产品，也可以针对出口产品的生产，如出口退税、出口信贷；出口工业投入品实行的优惠价格供给；给出口生产企业提供低息贷款，优先提供进口设备、原材料所需的外汇，大力引进资本、技术、经营管理知识，建立出口加工区等措施。

出口导向政策下的平均关税水平较低，这使进口所需投入品的成本较低，同时自然淘汰低效率的进口替代工业；降低本国币值汇率，从而使以外币衡量的本国出口产品价格下降，进而推动出口。

3. 出口导向政策的利弊

（1）出口导向政策的优势

①出口导向政策有利于合理配置资源。因推行一定程度的贸易自由化，

本国生产要素能够迅速转移到经济效益较高的产业，生产并出口本国具有比较优势的产品，以缓解一国的外汇压力。

②出口导向政策有利于提高产品的国际竞争力。因为出口导向产业面向国际市场，因而可以实现规模经济效益，从而提高其竞争力。

③可以通过对外贸易，互通有无，使本国居民享受到更多的经济福利，提高其生活水平。

④出口导向政策有利于改善国际收支。

⑤出口导向政策有利于提高就业水平。出口导向产业往往集中于劳动密集型产业，能够吸收更多的劳动力，促使就业结构日趋合理，劳动力素质也会不断提高。

（2）出口导向政策存在的弊端

①出口导向型发展模式对不同规模的国家的作用也是各不相同的。具体而言，对于国土面积有限、人口基数相对较小的小国而言，由于其国内市场较小，消费能力有限，这在一定程度上限制了其内部经济增长的潜力。在此情境下，采用出口导向型经济发展策略，提升外贸出口水平，能够促使小国的产品生产达到规模经济效应的要求，最终获得显著的规模经济效益。

②一个国家的经济若过度依赖外部因素，将加剧其经济的对外依赖性，进而削弱在经济发展上的自主掌控能力，使它更容易受到国际市场波动的影响。这种态势对于国家经济的长期稳健发展构成了显著的不利因素。值得注意的是，发展中国家在推进对外开放时，其开放程度往往受限于国内经济发展的现有水平。这意味着，即使一个经济相对落后的国家全面开放市场，其开放的实际效果和层次也可能受到制约，难以达到较高水平，进而限制该国在开放过程中能够获得的相对利益。

③其效能显著受到市场发展趋势的约束与影响。在亚洲部分国家推行的出口导向型经济模式中，核心关注点聚焦于满足国外市场，尤其是发达国家的市场需求。回溯至20世纪70年代，正值西方世界经历产业结构深刻调整的时期，高级化进程促使诸多传统产业从西方市场中逐步撤离，为这些国家通过出口导向战略将大量传统产业产品打入发达国家市场创造了契机，有效填补了后者市场上传统产品供给的空缺。然而，20世纪90年代以后，采取出口导向战略的国家数量显著增加，且纷纷涉足传统产品的生产领域。这一转变直接导致了出口市场的竞争加剧，不仅体现在与发达国家中拥有更高生产

效率的竞争对手的较量上，还新增了与发展中国家之间的激烈竞争。

（三）中国对外贸易政策取向

2008 年金融危机发生后，全球经济普遍下滑。在国内经济不振以及失业加剧的压力下，以美国、欧盟为代表的国家纷纷开始采取保护性贸易政策，增加了出口促进措施，对进口则严加控制。而中国在危机后的对外贸易表现却十分突出，2009 年，我国出口规模上升至第一位，并在 2010 年、2011 年连续两年保持全球第一的位置。随着中国对外贸易地位不断加强，中国与其他国家的贸易摩擦也迅速增加，近年来，中国成为遭遇贸易反倾销和反补贴诉讼最多的国家。与此同时，中国不断激增的外汇储备也对我国人民币汇率带来了巨大升值压力，出口贸易结构不合理所导致的国内资源价格扭曲、资源耗费巨大等问题也随着外贸出口量的增加而不断恶化。在这种背景下，中国对外贸易政策需要进一步优化。

2011 年，中国的对外贸易政策经历了重要转变。中国政府正面应对了关于全球经济增长再平衡这一全球性敏感议题。多位政府官员在公开场合明确表态，中国已不再将追求高额贸易顺差作为首要目标，而是将实现贸易平衡视为中国对外贸易政策的核心导向。这一转变体现了中国政府对于外贸健康、稳定及可持续发展的重要认识，即维持贸易的基本平衡是确保外贸领域长远繁荣的关键所在。

为了应对美欧等传统出口市场日益加剧的贸易保护政策，2013 年 9 月和 10 月习近平总书记分别提出建设"新丝绸之路经济带"和"21 世纪海上丝绸之路"的合作倡议，积极拓展与"一带一路"相关国家的贸易交流和合作，东盟等"一带一路"国家逐渐成为我国最重要的贸易伙伴。同时，在高举"自由贸易"大旗的同时，我国对美国日益加剧的对华贸易制裁采取了反制措施，积极抓住信息技术和数字技术发展的浪潮，促进"数字贸易"的发展，积极促进外贸结构的转型升级，提高外贸发展水平，拓宽发展层次。近几年我国积极推动内外贸一体化发展，这是构建新发展格局、推动高质量发展的内在要求，对促进经济发展、扩大内需、稳定企业具有重要作用。2021 年《国务院办公厅关于促进内外贸一体化发展的意见》指出要在符合多双边经贸协定规则前提下，加大对内外贸一体化发展的支持力度。2023 年国务院办公厅印发《关于加快内外贸一体化发展的若干措施》的通知，要求各地方人民政府完善工作机制，优化公共服务，因地制宜出台配套支持政策，大力推动本地区内外贸一体化发展。

第二章

国际贸易的基本内容

随着全球化的发展，国际贸易已经成为各国经济发展不可或缺的一部分。本章主要介绍国际贸易的基本内容，包括国际商品贸易、国际技术贸易和国际服务贸易。

第一节　国际商品贸易

将国际贸易和地区间贸易分开研究，是因为国界和一国内部各地区的划界不同，国界对商品流通及生产要素移动存在着阻碍作用，而且各国货币体制不同，更使国际贸易与其他类贸易的机制迥异。此外，在一国范围内，各地区的许多重要经济变动都有共性，相对来说外国的地区则不同。例如，关于工资及劳动条件的集体协议，往往影响整个国家的工业，但对国外同类工业并无影响。因此，国家自然被视为一个整体，本节主要研究国家之间的贸易关系。

一、国际商品贸易概述

（一）商品跨国流动障碍：贸易品与非贸易品

运输距离、运输路线、运输方式、运输对象、运输量以及运输风险等都会影响运输成本，而运输成本构成的国际商品流动障碍会导致贸易减少，当然，运输成本还取决于提供运输服务的生产要素成本和其他运输设施等。

　　除运输成本外，国家边界也是影响国际贸易的重要障碍。国家边界的政治内涵意味着税收管辖权的分割，由此带来的关税壁垒以及相关的行政程序都会成为阻碍国际贸易的因素。另外，诸如语言、法律、银行体制、习惯及传统等其他环境方面的国际差异，都会使国际贸易比国内贸易更困难，而政府对本国货的偏爱、有关本国货优于外国货的宣传等也都或多或少会影响国际贸易的发展。

　　当商品流动障碍引发的成本足够大，足以抵消国家间生产成本的差异时，就会造成一些商品的跨国交易无利可图，从而沦为所谓"国内市场商品"（非贸易品），只能在国境内自销；而涉及国际贸易的商品则称为"国际市场商品"（贸易品），可以是出口品，也可以是进口品。

　　"国内市场商品"可进一步区分为"竞争性国内市场商品"和"非竞争性国内市场商品"。前者在满足国内市场需求上与进口产品是直接竞争关系，二者的价格变动趋势及幅度具有一致性，且互为影响。后者也被称为"纯粹国内商品"，与外国商品无直接竞争关系，其价格变动与进口商品价格基本无关。当然，某些"国内市场商品"也与本国出口品相竞争，其价格也随出口价格变动而变动。

　　难以运输的商品只能布局在消费（使用）地生产，因而是典型的非贸易品（国内市场商品），例如房屋、不易保存的熟食等生产几乎不存在国际分工的问题。服务一般也视为非贸易品。关税作为商品移动障碍会影响类似的商品分类。一般而言，原材料的进口关税相对较低，半成品的进口关税要高些，而制成品的关税则更高。所以，在很多国家原材料是主要的贸易品，制成品则由于高关税而成为"国内市场商品"。

（二）国内市场的分割

　　对外国货物设置的移动障碍过大，本国市场就会隔绝于外部市场，完全由国内工业占领；或者，所设置的障碍太小，本国市场所需的某些商品就会全部由国外生产者供应，本国市场与外部市场完全融合。现实世界一般介于二者之间，本国市场与外部市场既不完全分割，也不完全融合，通常处于一种不完全竞争状态。俄林在 20 世纪 30 年代初对陶西格的观点提出异议时就曾用产品差异化理念做过描述，认为外国货与本国货有时质量虽不一样，但竞争不相上下，它们之间因品牌、广告宣传等而存在某些"差异"，从而使一部分人购买某种等级的外国货，另一部分人则喜用本国产品；有些国家既出口汽车，又进口汽车，也并不是因为货物质量、价格有大的差别。

在一国国内市场上，进口商品与本国产品之间的竞争是长期存在的。但与此同时，由于各种原因，国内市场在进口商品和本国产品共同占据下而遭到分割。一种情况是：国内运费阻碍外国商品在国内市场流动，使之进入国内后仅停留在进口地或邻近地区销售；同样，本国商品也仅在生产地及邻近地区（包括相邻国家边境地区）销售，而不与远处国内市场的进口商品相竞争。这种本国产品与进口商品之间的市场分割并不依赖于国界，因而，划分国内市场商品与国际市场商品时需要谨慎。另一种国内市场被进口商品和本国商品分割的情况是，国内产能不能满足国内市场需求，其中一部分市场为外国进口商品占有。这种场合往往竞争性较强，若国内企业缺乏竞争力，时间一久就可能被迫退出市场；反之，经技术或其他的有利转变，则可能夺回更多市场份额。竞争性市场分割，并非仅靠价格差异。很多商品的销售，即使价格高于竞争对手也能取胜，其原因在于真正的产品质量优势，或者是通过现代营销取得了商誉、商标或销售渠道优势。

农矿产品与上述工业制成品分割市场的情况不一样。通常只有当价格上涨时，农矿等初级产品的供给才会增加，而初级产品的进口及其进口价格的形成通常出现在国内产能不能满足国内需求之时。降低进口初级产品的价格会导致国内产量减少，但不会停产。换言之，与工业制成品相比，初级产品的价格供给弹性低，就造成了初级产品与进口商品的竞争关系不同于制成品。这种差异的根源在于，初级产品生产所需土地等自然资源专用性强，缺乏竞争性用途，即这些基础要素转换用途的成本高、黏性大。举例来说，小麦跌价压低了麦田的价格，但使用这些土地种植小麦仍可能有利可图，因为可用作麦田的土地毕竟有限，同时麦地的租金也会降低。而资本和劳动则不同，这二者都富有竞争性用途。工资和利率只会在短暂时间内被大幅压制到一般水平之下，否则，某产品因竞争而降价，会迫使资本和劳动因报酬减少而转向其他产品的生产，最终导致减价商品产量的减少。因此，农矿类产品与制成品相比，其国内市场上的本国产品与进口商品的竞争程度要小得多。

另外，一国市场不但可由本国厂商和外国厂商分别经营、分割市场，而且也可能由几个外国厂商竞争，而无本国厂商参与其间。这些外国厂商的生产成本并非一定相同，因为国际贸易障碍不同，可能在 B 对 A 的出口上障碍大些，而在 C 对 A 的出口上则小些（A 和 C 因语言、生活习惯等相同而关系密切）。此外，虽然商品质量不同，但又不能看作不同类的商品，这种质量差异会造成市场分割，使每一竞争者各得一份。农产品市场的分割更加合乎自然规律，许多欧洲国家进口阿根廷及加拿大的小麦并不少于从美国的进口量。

（三）产品相对流动性与地区转运便利性

受转运费用的影响，不同生产阶段的产品流动性会有所不同。同时，转运便利程度的地区差异不仅会影响地区间不同的转运费用，甚至还会直接制约运输的可能性。这些因素对国际贸易的影响是显而易见的。

1. 不同生产阶段产出品的相对流动性

在其他条件相同的情况下，有些工业的选址是"靠近市场"，即靠近市场中心；另外一些工业则"靠近原料"。如果生产中需要多种原料，那么"靠近原料"的工厂在选址上以靠近最笨重原料的生产地为宜，因为笨重原料不仅运输更困难，而且运输距离越长，笨重原料亏蚀的重量也越多。

理论上来说，除非商品通过国境会遇到特别的困难，否则工厂是否都设在同一国家境内并无多大区别。然而，现实的确是存在障碍的，不同国家通常对原料、半成品及制成品会设置不同的进口关税。这无疑会改变不同生产阶段产出品的相对移动性，从而影响产业布局与贸易。当制成品移动的障碍大于初级阶段产品移动障碍时，初级生产阶段产品的相对移动性会增加。于是，不同阶段的产品生产会被分布到不同的国家，并增加国际贸易。如果不同阶段的生产分处各地，转运总费用的差异就必定是勘定厂址的唯一条件。当然生产要素分布的地区差异也会造成生产成本差异，从而对确定厂址产生影响。

2. 不同地区转运便利程度的差异

各地转运便利程度会影响国际贸易。在其他条件相同的情况下，国际商品流通障碍所产生的影响，会使国家之间的转运远比在国内运输困难。关税及类似的影响就是一个典型。

如果一国国内转运条件好，运输成本就会降低，这特别有利于需要多种笨重原材料的企业。如果一国国内运输便利，且拥有丰富的自然资源，该国的人均产出量就会很大，因此会形成大量的对外贸易，其国民也将享有相对较高的实际工资和名义工资。相反，国内转运条件比较差的国家往往趋向于生产易于运输的原材料及其他专门产品，其国民的收入及生活水平势必也较低。因此，人们常常认为生活水平降低的原因之一是一国人口增加引发的土地报酬递减，但这只适于单纯初级产品的情况。

如果一国与外界的交通不便利，并且距离外界的原料来源较远，距离市场也较远，那该国在贸易上只能出口货物，并且只能出口便于运输的货物。例如瑞典专门经营做工精细的棉、丝织品，钟表及高档机械等。大国拥有的资源比小国多，但对外不一定有更好的转运关系。丹麦大部分制造业的转运关系比英国、美国及德国的某些地方都更好，煤、铁、钢、机器等都可以按低价购得，因此丹麦虽然缺少所有重要的原材料但拥有制造业，并享有高生活水平。

从不同生产阶段的产出品看，与初级产品相比较，后期加工阶段的产品同自然资源的关系不那么密切，而良好的转运便利性、劳动力和资本的供给条件更为重要。因此，后期加工阶段的产品在生产布局上通常都选址于同劳动力供给相适应的地方。如果人口增加时，生产力下降，这并非源于人均自然资源相对减少的土地收益递减率（因后期加工阶段的生产与自然无关），而是由于人均资本的缺乏，以及转运便利程度降低而造成的。类似这样的国家，由于需从远地进口原料和食品，出口的制成品也需销往远地以作交换，随着贸易量的增加，国家可能面临双重损失：一是在国外市场的贸易条件可能变得不利；二是原料进口和制成品出口都需要支付更多的运费。

就转运便利程度的一般比较而言，大国的优势明显强于小国，因为大国比小国拥有更多的地区，与国外往来所需的交通运输会较少，障碍也比较少。

这一点对不同工业的影响是不同的，那些运输相对困难、生产规模大的产业在大国布局生产的优势是不言而喻的。

综上，凡是在国际转运便利程度高的国家都可以大量进行对外贸易，运输条件的改变会深刻影响一国的经济。苏伊士运河和巴拿马运河的影响不仅限于所在国，更是地区性，甚至全球性的。

（四）转运条件、生产要素供给与生产布局

工商业布局及其特征，不仅取决于转运便利程度，还取决于要素供给等其他基本因素。如果一个产业所需的生产要素价格低，尽管转运便利程度低，该产业在竞争上仍可居于有利地位。更重要的是，转运便利程度与生产要素供给之间存在相互影响：一方面，劳动力和资本分布主要受经济环境支配，而转运便利条件就包括其中；另一方面，转运便利条件又受生产要素供给的影响，运输成本如同生产成本，都受生产要素价格的影响。

转运便利程度高的地区会吸引来自其他地区，甚至国外的劳动力和资本，因此，该地区往往会发展成为重要的市场，同时会由于运输行业的规模经济而获利；但该地区原材料和食品供应则需购自远方，人口过度集中会降低效率。与此相反，转运便利程度低、缺乏或没有自然资源的国家，人口势必稀疏，只能专门从事利用当地自然资源的小规模生产，优先出口易于转移的货物。

总之，国家由地方区域组成，商品在国内及国家间的流动，转运便利条件就会影响生产布局和国际贸易。因此，世界范围的生产要素和市场分布状况，以及转运能力和转运便利程度的地区差别都值得关注。对一国而言，不但生产要素供给及其在本地的分布状况是国际贸易的决定因素，而且需求的地区分布和不同生产阶段产出品的相对转移性也具有同样重要的影响。

此外，某一类经济活动的布局或多或少地会影响其他经济活动的布局，除非我们能够对转运便利程度以及影响当地劳力和资本分布的支配力量进行深入分析，否则就不可能真正了解工业的地区分布和国际贸易。

不容置疑的是，包含生产要素供给、需求市场分布以及转运便利条件在内的国内经济环境都是历史发展的结果。自然因素的影响力相对稳定且恒

久，而人口、需求偏好、资本供应以及交通运输的便利程度等基本因素都会缓慢变化。这些变化受经济发展的影响，反过来也作用于经济发展。对外贸易的发展就是经济发展的一部分，它既是各基本定价因素综合作用所形成的生产布局的结果，同时也参与并影响要素供给、需求市场及转运条件的变化。

二、国际商品贸易的作用及利益

（一）决定生产布局和国际商品贸易的基本因素

对于决定生产布局和国际商品贸易的相互依存一般均衡定价体系，从需求方面看，影响因素包括：个人偏好、群体欲望和生产要素的所有权。从供给方面看，其影响因素可被分为两方面，其中影响供给的因素有：生产要素和商品的物质属性、生产要素供给、经济运行稳定性、生产的社会环境（如工业税等）、生产要素不可分性；影响布局的因素包括货物可运输性、生产要素分布地区的距离、运输能力、运输便利程度和转运的社会条件（如关税）。在供给方面，其中的生产要素不可分性、货物可运输性、运输能力都与生产要素和商品的物质属性有关，可归并一体，构成"广义自然物质属性"（包含从生产和运输观点看产品与生产要素的质量）。

综合以上，可将支配生产布局的基本因素归结为四项：（1）个人的偏好与欲望；（2）广义自然物质属性（含产品和要素质量）；（3）生产要素数量及其地区分布（含转运便利性）；（4）要素所有权及生产和转运的社会条件。

上述各基本因素并非独立于价格的任何变动，其中任一因素的改变都会影响整个价格体系和国际商品贸易，进而影响其他条件，例如，若国内生产要素供给受影响，需求偏好也会有所改变，进而会引起价格体系的变化。

（二）国际商品贸易的作用

按照这样的相互依存一般均衡见解，"国际商品贸易的作用"一词的含义必须重新认识：如果没有这种贸易作用，情况将会怎样？

当国际商品贸易面临不可逾越的障碍时，不仅没有贸易发生，而且其他基本条件将会完全不同。所以，俄林认为，在这些假设的基本因素条件下，不值得对贸易的作用做过多的分析，更没有理由讨论从国际商品贸易中获取的总利益，以及总利益在各贸易国之间分配的问题；若将国际商品贸易的作用作为一个整体进行分析，必须着眼于长期的基础情况变化，如这种贸易对人口数量的影响。

（三）国际商品贸易的利益

相对于国际商品贸易整体作用的分析而言，俄林认为，在国际商品贸易中因商品跨国移动的障碍减少或增加，从而使贸易获得更多利益或遭受更多损失，这是更加值得研究的问题。如果其他基本因素的情况不变，这种变化的影响必须依据相互依存定价体系来分析。不过从长远观点看，跨国移动障碍的任何变化一定会导致其他基本因素的反作用。因此，分析减少跨国移动障碍的影响，唯一令人满意的方法是，既要考虑其他基本因素不受影响的条件下，定价体系方面可能产生的部分均衡变动；又要考虑其他基本因素做出实际反应，反作用于定价体系所引起的一般均衡变化。

于是，这就引出另一个十分有趣的问题，即当贸易发生或受到影响后，各国现有的货物数量会受到什么影响——如果货物总量增加，就可以说是"利益"；如果数量减少，就可以说是"损失"。

（四）运输成本对国际商品贸易作用与利益的影响

两国之间的运输成本可有较高、较低两种情况。依前述分析，运输成本低时，大量的国际商品贸易额会发生。一般而言，此时生产要素价格的国际不平衡较小，生产布局也在较大程度上更适应于当地的生产要素供给及其他基本因素条件，以货物和劳务方式计算的国民收入也会增加。

贸易的增加，即使没有使要素价格趋向均等，但在不同国家所引起的实际或潜在生产成本的均等化趋势就是经济情势变化的标志，这意味着世界产出量大幅度增加。例如，假设 A 国的煤矿和铁矿的产出价格高于 B 国，但是 A 国仍可以生产较廉价的铁，其原因是 A 国的煤、铁矿相邻近，减少了国内的运输费用。如果两国之间的运输费用降低到能使 A 国出口一部分铁到需要铁的 B 国去，A 国的资源价格水平将会上升，甚至能高于 B 国的价格水平。

显然，运输费用的节省在这里已超过了 A 国钢铁工业开发耗资更大的自然资源所增加的费用。

第二节　国际技术贸易

一、国际技术贸易概述

（一）技术的含义及其特点

技术作为一种人类智慧的成果，应该是一种系统的知识。目前，国际上对"技术"还未形成统一认识。由于在认识角度上有差异，技术有狭义和广义之分。从狭义的角度来看，技术指的是改造自然的技术；从广义的角度来看，技术指的是为解决各类问题而采取的具体策略、方法及手段。值得注意的是，"技术"在社会科学领域，指的是解决社会发展进程中复杂问题，促进社会进步与变革的重要力量。在自然科学领域，技术指的是那些能够解决生产领域问题的某种发明或技能。世界知识产权组织在《供发展中国家使用的许可证贸易手册》中，给技术下的定义是：技术是指制造一种产品的系统知识，所采用的一种工艺，或提供的一项服务，不论这种知识是否反映在一项发明、一项外形设计、一项实用型或者一种植物的新品种，或者反映在技术情况或技能中，或者反映在专家为设计、安装、开办、维修、管理一个工商企业而提供的服务或协助等方面。这是迄今为止国际上给技术所下的最为全面和完整的定义。实际上世界知识产权组织把世界上所有能带来经济效益的科学知识都定义为技术。

技术具有一些显著的特点：技术属于知识范畴，但它是用于生产或有助于生产活动的知识；技术是生产力，但它是间接的生产力；技术是商品，但它是一种特殊的商品，它比现有技术具有更高的经济价值，具有选择性和使用条件等。

技术可以被划分为若干种，是根据不同的标准而划分的。技术按其作用来划分，可分为生产技术和经营技术；按其形态划分，可分为软件技术和硬件技术；按其公开程度划分，可分为公开技术、半公开技术和秘密技术；按其所有权状况，可分为公有的技术和私有的技术；按其法律状态，可分为工业产权技术和非工业产权技术。

技术作为人类经验的总结和智慧的结晶，将会随着科学的进步而发展，人们也会借助于不断进步的科学方法来加深对技术的内涵和复杂性的认识。技术也将会成为人们认识自然、解决生产等领域所面临问题的最有力的武器。

（二）国际技术市场

国际技术市场是一种虚拟的市场，而非实体市场。但该市场又是客观存在的，是集技术开发、技术交易、技术中介和技术信息交换等功能为一体的，按行业分割的市场结构。国际技术市场具有研究与开发格局由聚集转为分散、技术在其生命周期的早期就向海外转移、国际技术市场转让机制不断拓宽、软件技术占技术贸易额的比重不断增加、"技术国有化主义"趋势有所加强、跨国公司仍是国际技术市场上的主导力量等特点。

（三）国际技术转让与国际技术贸易

联合国在《国际技术转让行动守则草案》中，把技术转让定义为：关于制造产品、应用生产方法或提供服务的系统知识的转让，单纯的货物买卖或只涉及租赁的交易都不包括在技术转让的范围之内。国际技术转让是带有涉外因素的转让，是跨越国境的转让。

国际技术转让与国际技术移动是不同的，具体来说，国际技术移动，它描述的是技术本身在国家或地区间的移动过程，也就是技术的位移，这种位移既可以是跨国界的，比如从一国到另一国；也可以是同一国家内部不同区域间的技术移动。相比之下，国际技术转让指的是技术的所有权或使用权的转让，也就是指一国技术的所有者将技术的使用权或所有权转让给其他国家的人。

国际技术转让又可以进一步细分为有偿转让和无偿转让。其中有偿的技术转让指的是一种商业性的技术买卖，其本质类似于技术商品的买卖交易。有偿技术转让带有明显贸易特征，它主要通过贸易渠道，以企业作为交易主体进行。因此，有偿的国际技术转让，也被广泛称为国际技术贸易。无偿的技术转让是一种非商业化的技术援助。这类转让往往发生在双边政府间，通过经济合作项目、科学技术交流论坛等渠道进行。

国际技术贸易，是指不同国家的当事人之间按一般商业条件进行的技术跨越国境的转让或许可行为。

国际技术贸易的核心交易对象是技术，这项技术作为一种非物质性的资产，展现出其独特的无形商品属性。深入分析国际技术贸易的实际运作机制，我们不难发现，单纯聚焦于软件层面的技术交易，主要发生在技术实力雄厚的发达国家之间。相比之下，对发展中国家而言，由于其技术基础相对薄弱，以及在科技应用与转化能力上的不足，它们在进行技术贸易时，不仅会进行软件贸易，同时也会进行硬件贸易，即将引进技术与进口设备相结合。与此同时，许多发展中国家为解决资金的严重短缺，又往往将引进技术和设备与利用外资相结合。随着时间的推移，国际技术贸易在国际贸易中的地位日益重要，其实际操作也日益复杂。

（四）国际技术贸易的特点

"科学技术是生产力"已被世界各国所普遍认识，各国竞相开展国际技术转让活动。随着国际技术市场竞争的日趋激烈，国际技术贸易呈现出以下特点。

1. 发达国家在国际技术市场上占有统治地位

长期以来，国际技术转让活动主要集中在发达国家之间进行，发达国家的技术贸易额占世界技术贸易额的 80%以上，而且主要集中在美、英、法、日、德。这五国的技术贸易额占发达国家技术贸易总额的 90%以上，它们既是技术的出口大国，也是技术的进口大国。近年来，发展中国家的技术进出口无论在数量上还是在种类上都有了长足的发展，但是在国际技术市场上的份额极为有限，一般不超过 10%，而且还局限在少数几个新兴工业化的国家。实际上，发展中国家在国际技术市场上主要扮演的是接受者的角色，这与它们经济发展水平低和技术水平落后等原因有关。

2. 软件技术在国际技术贸易中的比重日益提高

在 20 世纪 80 年代之前，国际技术贸易的格局主要围绕着先进设备的进出口展开，软件作为独立交易对象的比例相对较低，多数情况下，都是进口国在购买硬件等设备时顺便购买软件。然而，在 20 世纪 80 年代以后，这一局面经历了深刻的变革，软件交易以许可贸易的形式迅速崛起，成为主导力量。技术进口国往往也会在寻求特定专利或专有技术时，附带性地进口一些设备。这一趋势在发达国家之间的技术贸易中尤为显著，软件技术转让占据了其技术贸易总额的绝大多数，比例高达 80%以上。以美国为例，其软件技术的国际销售额呈现出强劲的增长态势，年增长率持续保持在 30%以上。近年来，发展中国家在技术引进策略上也发生了显著变化，开始更加重视技术引进的效益与质量，减少对硬件技术的引进。

3. 发达国家的跨国公司控制着国际技术贸易

国际技术贸易通常集中在少数发达国家内部，并且被这些国家及其跨国企业牢牢掌控。数据显示，发达国家的技术贸易市场中，有高达 80%的份额由西方国家的跨国公司所控制；而在发展中国家，这一比例更是攀升至 90%。这一现象背后，主要归因于跨国企业普遍拥有雄厚的资金基础、强大的技术研发实力、对技术创新的高度重视，以及庞大的专利技术储备。跨国公司在技术贸易领域的垄断地位，赋予了它们在技术转让谈判中的显著优势。因此，它们常常能够凭借其市场支配力，以高于市场平均水平的价格向发展中国家出售技术，并在交易过程中附加一系列限制性条件。跨国公司转让技术一般与资本输出和商品输出相结合，通过在东道国建立子公司或合资公司进行。

4. 国际技术市场上的竞争日趋激烈

国际技术市场上的竞争主要表现为发达国家之间的竞争。美国的技术出口遍及全球，日本的技术出口市场主要是亚洲，法国多向非洲国家出口技术，东欧则是德国的技术出口市场。各国为了保持原有的技术出口市场或扩大其技术出口市场份额，都在不断地进行技术开发。在全球科技竞争日益激烈的背景下，美国为维护在尖端科技领域的领先地位，采取了严密的措施来防止本国先进技术的外流，同时还会频繁利用国家安全机密法和出口管制法限制一些先进技术的出口。相似地，日本为确保在微电子技术等关键领域的竞争优势，也显著加大了对技术出口的限制政策，以巩固其国际领先地位。与此同时，欧洲科技强国如英国、法国和德国，为了在国际市场上争取更大的份额，这些国家常会联合进行技术的开发与研究。如他们在 20 世纪 70 年代携手合作，成功研制出空中客车飞机，直接对美国在航空技术领域的长期垄断地位构成了有力挑战。国际技术领域的竞争正成为新一轮贸易战的焦点。

（五）国际技术贸易与其他业务的关系

1. 国际技术贸易与国际商品贸易的关系

国际技术贸易与国际商品（货物）贸易存在较为紧密的关系，两者的区别体现在：（1）贸易对象不同；（2）贸易当事人关系不同，国际技术贸易的当事人关系不只是单纯的买卖关系；（3）国际技术贸易比货物贸易更加复杂，操作难度更大；（4）政府干预的程度不同，鉴于技术贸易本身的性质以及各国政府对技术的重视，政府会更多地参与到国际技术贸易中来。

两者的联系体现在：（1）商品在国家间的流动实际是各种形式技术的流动；（2）技术贸易促进进出口商品结构向高级化发展；（3）技术贸易加速了国际贸易方式多样化的进程；（4）技术贸易成为疏通商品贸易渠道的手段。

2. 国际技术贸易与国际直接投资的关系

第一，技术转让是投资的一种方式，投资方向通常与技术转让方向具有一致性；第二，国际直接投资往往具有技术扩散效应、技术外溢效应、技术创新效应等。

二、国际技术贸易内容

（一）专利

1. 专利的含义

专利（Patent）这一术语，其历史渊源可追溯至中世纪时期的英国，当时英国国王为了促进国内产业的发展，会为那些引进国外先进技术的人们颁发专利证。同时这些人有使用该技术的独占权，但并没有专利权，专利权仍旧属于国王，这就是现代专利制度的雏形。现代专利指的是由专利主管机关，严格依据专利法所规定的程序，对提交申请的发明者进行详尽审查后，在确认其发明满足法律所规定的各项条件时，授予发明者的一种法定权利。这种权利允许发明人在特定的时间内，对自身所创造的发明成果享有独一无二的实施权，即所谓的独占实施权。具体而言，专利的内容主要包含三个方面：首先，是独占的实施权，它确保了发明人在一定期限内能对其所发明的成果享有独占的实施权；其次，受法律严密保护的发明创造，主要包括发明专利、实用新型专利、外观设计专利；最后，专利文献，它包括说明书、权利要求等。

2. 专利的种类

（1）发明专利。发明与发现是两个既相互关联，又有着不同本质的概念。简而言之，发现是指人们揭开自然界中早已存在却尚未被人类认知的事物，它是对既有事实的揭示与认识深化。相比之下，发明则是一种创造性的活动，它聚焦于提出新颖的产品设计、方法改进或技术革新方案。发明一般有三个特征：首先，发明必须是一种切实可行的技术方案，能解决某一问题的方案，只有发明能在生产中被利用，它才能取得相应的法律保护。其次，发明建立在对自然规律深刻理解和利用的基础之上。它要求发明者掌握并遵循自然界的客观规律，随后在此基础上进行创造性的探索与尝试。最后，发明必须具有创造性，也就是要比已有的技术先进。

（2）实用新型专利。实用新型作为一种针对产品形状、构造或二者融合而设计的、旨在解决实际问题的新型技术方案。实用新型具有三个特点：第一，它必须是一种具体的产品形态，如仪器、设备、日用品等；第二，它必须是实用的；第三，它必须是一种具有形状的物品，如气体、液体、粉状物质等。尽管实用新型是一种发明，但它并没有发明的技术价值高，其创造性要求可能略显宽松，但这并不意味着其经济效益低于发明，因此实用新型也被形象地称为"小发明"。

（3）外观设计专利。外观设计其实就是能用于工业的新设计，具体就是针对物的形状、图案、色彩，或是这三者的巧妙融合，创造出具有审美价值的全新设计。具体而言，形状指的是平面或立体的轮廓，也就是所占的空间形状。需要注意的是，诸如气体、液体及粉末状等非固态、无形状的固体并不属于外观设计的范畴。图案则是指为了美化产品表面而添加的装饰性元素，包括但不限于花色图样、线条排列等。色彩即产品表面所呈现出的颜色变化。美感涵盖了形状、图案、色彩等多方面的特点。在许多国家，对于外观设计的要求并不包括必须具备美感这一项。外观设计通常指的是外形、图案和色彩三者有机结合后所呈现出的具有吸引力和美感的外观形态。这种美感是视觉上的感受，并不涉及产品的制造或设计技术的考量。

3. 专利的特点

专利是一种无形的财产权，具有与其他财产权不同的特征，即专利具有专有性、地域性、时间性和实施性四个特征。

（1）专有性。专有性又被称为排他性或独占性。具体来说，专有性指的是在一定的地域范围内，对于同一发明内容，其专利权只能授予一人，而其他也同样作出这一发明的人，则无法申请专利权。发明与物质生产不同，在物质产品的生产中，每生产一份新产品就能产生一份新的财产，而技术发明是一项能被普遍应用的解决某一问题的新的技术方案。重复研制不能产生新的使用价值和增加新的财富，重复以前的发明也不能被称为发明。发明人被授予发明专利权后，其在一定的期限内享有独立制造、使用和销售权，其他人想要使用，必须征得专利权人的同意，否则属于侵权行为。

（2）地域性。专利权本质上是一种具有鲜明地域性特征的权利体系。通常而言，除非在特定情境下，旨在保护知识产权的国际公约，以及个别国家间相互承认对方国家所授予的专利权有效性外，一项技术发明的专利权授予及其法律效力，应严格受限于该发明申请专利的具体国家。这意味着，专利权仅在授予国领域内有效，对于其他非授予国家而言，该专利权并不具备法律上的强制执行力，即这些国家没有义务保护该专利，且其公民或企业在这些国家内可自由使用该发明技术，而不受原专利权限制。然而，值得注意的是，同一项技术发明完全有可能同时在两个或两个以上的国家提交专利申请，并在获得各自国家批准后，于这些国家内分别受到相应的法律保护。

（3）时间性。专利权还具有时间性，其特性在于其有效保护期限一旦届满，原本由发明人享有的专利权便自动归于无效，且通常不具备续展的可能性。这意味着，此时的发明创造转化为社会共有的财富，任何人均有权自由利用该发明进行产品制造或相关活动。在全球范围内，不同国家的专利法对于专利权的保护期限设定了各异的时长，普遍范围为 10～20 年之间。中国对发明专利的保护期限设定为 20 年，而对于实用新型专利和外观设计专利，其保护期限则相对较短，为 10 年。值得注意的是，专利权的保护期还依赖于专利权人按时履行其法定义务，尤其是缴纳专利维持费用的责任。若专利权人未能依照规定及时缴纳相关费用，即便是在法律所规定的保护期限尚未届满之前，其专利权也将因此失效，不再受法律保护。

（4）实施性。除了美国等几个国家之外，发明者在获得专利权之后，只能在所获得专利权的国家内行使专利权的相关权利，包括利用专利技术生产产品或转让专利技术。

4. 授予专利权的条件

（1）根据世界各国专利法的规定，授予专利权的发明和实用新型必须具有新颖性、创造性和实用性。

① 新颖性。新颖性是指在提出专利申请以前，尚未有过相同的发明或实用新型。判断发明和实用新型是否具有新颖性一般依据以下三个标准：

第一，时间标准。在探讨全球各国对于时间标准的设定时，我们不难发现，一个普遍遵循的原则是"申请日原则"。这一原则的核心在于，无论是发明还是实用新型，只要它们在提交专利申请之日之前未被公开披露，即未有其他个人或实体向专利授权机构就相同或相似内容提出过专利申请，那么这些创新成果便有机会获得专利保护。少数国家则采取了以发明的时间为准，也就是指专利权的归属权授予技术的最初发明者，而非仅仅依据申请时间的早晚。

第二，地域标准。在当今全球范围内，关于发明与实用新型的地域标准，各国普遍遵循着三种不同的体系，这些体系为创新成果的保护提供了明确的法律框架。第一种体系是世界新颖，这一标准强调，一项发明或实用新型要想获得保护，它必须在全球范围内都是全新的，即在全球范围内既未被公开披露，也未被实际使用过。具体采用这一标准的国家主要有英国、德国和法国。第二种是国内新颖，与前者不同，这一标准要求发明或实用新型仅在本国范围内保持新颖性，即未在本国被公开或使用过。采用这一标准的国家主要有澳大利亚、新西兰和希腊等国。第三种是混合新颖，它要求发明或实用新型不仅不能在全球出版物上被发表过，而且在国内也未曾被公开使用过。采用这一标准的国家主要有中国、美国和日本。

第三，公开的形式标准。世界各国专利法都规定，一项发明或实用新型必须是从未以任何形式为公众所知，否则将失去新颖性。

②创造性。创造性主要是指，相较于已有的技术，申请专利的发明和实用新型要具有实质性特点和显著的进步。需要注意的是，这里的已有技术指的是专利申请日之前已经公开的技术。实质性特点指的是申请专利的发明或实用新型必须在技术上实现根本性的突破，与已有技术相比有本质上的不同。显著进步指的是要求这些创新成果能够克服已有技术中的某些局限或不足，带来实质性的改善，比如大幅降低生产成本、显著提高生产效率。在实际操作中，创造性的判断相较于新颖性的判断更为复杂和困难。但对发明的创造性和新颖性的判断是有本质区别的。新颖性是判断在已有技术中是否已经出现了该发明，如果没有出现，那该发明就是具有新颖性。创造性是判断发明的技术质量，也就是将发明与已有技术相比，比较发明的先进程度和创造程度。

③实用性。实用性指的是发明或实用新型既能够用在产业上产生良好的效果，也能够用在服务性行业上发挥作用。在产业上能够制造和使用是指能在生产中制造和使用，并能多次和反复进行制造和使用。能够产生积极的效果是指能提高劳动生产率、节省劳动力、改进产品的质量。否则，发明创造就没有任何价值。实际上，实用性既是发明创造的技术属性，也是发明创造的社会属性。

（2）授予外观设计专利的条件。外观设计专利的授予条件与发明及实用新型专利的授予条件相比，存在显著区别。具体而言，要获得外观设计专利保护，该设计必须满足在申请日之前，未在全球范围内被任何出版物公开披露，同时在国内也未被公开使用过。也就是指出版公开应该以世界新颖为标准，而使用公开则要以国内新颖为标准。另外，外观设计还要有创造性和实用性，有些国家还要求外观设计要具备美感。

（3）不授予专利的发明创造。为促进社会经济的发展，维护良好的社会秩序和公共道德，针对一些阻碍社会进步、有损社会公德的发明制造，各国均不授予专利。

（二）商标权

1. 商标的概念及作用

商标指的是生产者或经营者为了使得自己的商品与他人的商品有所区

别而做的标记，主要是用来标明自己所生产或经营的商品。通常商标可以由字母、图形、文字、线条、数字、颜色等要素单独组成，也可以相结合而组成。

商标是商品经济的产物，在当代经济生活中，它具有以下作用：

（1）区别商品的生产者、经营者、服务者、进货来源及档次。同一类商品往往有若干家生产者、经营者或若干个产地。消费者可以通过商标来辨别商品的产地、经营者或生产者，以便于精心选购心目中的名牌产品及有良好信誉的生产者或经营者的产品。此外，商标往往还能说明产品的档次，如汽车中的奔驰和宝马代表德国产的高档车，而丰田则代表日本产的中档车。

（2）代表商品质量和服务质量。消费者总是把商标和产品质量联系在一起，消费者心目中的著名商标是逐渐树立起来的，并在长期保持高质量和周全的售后服务过程中逐渐赢得人们的信赖。因此，商标一般是产品质量的象征和生产企业的商誉。在目前的国际贸易中，有很大比例的交易是凭商标进行买卖的。

（3）有助于商品和服务的广告宣传。一个好的商标设计，往往图形醒目、文字简练，便于消费者识别和记忆。用商标做广告，其效果远比冗长的文字说明要好，可使消费者对商品的质量、性能、用途、式样、耐用程度等有一个完整而又美好的印象，从而加深消费者对该商品的印象，增加消费者对该商品的购买欲望。

2. 商标的种类

随着科学技术的发展，产品品种的不断丰富，以及商标制造技术的日益进步，商标的种类也在增多。商标从不同的角度可划分为不同的类别。

（1）按商标的构成要素来分，可分为文字商标、图形商标和组合商标。

①文字商标。文字商标，顾名思义，是由纯粹的文字构成的商标形式。这些文字可源自中文、外文、汉语拼音、字母以及数字等多元化元素。常见的文字商标如家喻户晓的"太阳神口服液""万宝路香烟""可口可乐饮料"等。

②图形商标。与文字商标不同，图形商标则侧重于视觉艺术的表达，通常由几何图形、符号、记号、山川、日用品、建筑图案，乃至动物图案等多

种视觉元素组合而成。例如，北京蜂王精营养补剂所采用的商标设计，便巧妙地融入了一只勤劳的蜜蜂形象。

③ 组合商标。组合商标也就是将文字和图形相结合而成的商标，例如羊城牌围棋的商标就是组合商标，既有"羊城"等文字，也有山羊和围棋棋盘的图形。

（2）按商标的使用者来分，可分为制造商标、商业商标和服务商标。

① 制造商标。制造商标是商品的制造者使用的商标，这类商标代表着企业的商誉和产品的质量。商品上的商标多属这类商标，如索尼电器和北京的天坛家具等。

② 商业商标。商业商标是商品的销售者使用的商标。这类商标往往是享有盛誉的商业企业使用，如中国外贸公司出口茶叶使用的"龙"商标，天津粮油进出口公司出口葡萄酒使用的"长城"商标。

③ 服务商标。服务商标就是服务性企业使用的商标，如"CAAC"就是中国民航使用的服务商标、"PICC"则是中国人民保险公司使用的服务商标。

3. 商标权及其内容

商标权是国家商标主管部门基于商标申请人的申请，经严格审查并核准后，赋予申请人的一种商标专用权，用于保护其商标在商业活动中的独特识别性与使用价值。商标权具体包括以下内容：

（1）使用权。只有注册了该商标的注册人，才能合法使用这一注册商标。

（2）禁止权。商标所有人依法享有禁止他人在未经许可的情况下使用该注册商标的权利。若发现侵权行为，商标所有人可向相关执法机构提起诉讼，要求赔偿经济损失，并在必要时追究侵权者的法律责任。

（3）转让权。无论是通过有偿转让还是无偿赠与的方式，商标所有人可依法将商标连同与之相关的所有权利转移给第三方。

（4）许可使用权。商标所有人可许可他人使用自己注册的商标，这种许可既可以有偿，也可以无偿。

4. 商标权的特征

（1）独占性

独占性是指商标是其所有人的财产，所有人对商标享有排他的使用权，并受到法律保护。对于其他人而言，未经商标所有人的明确许可，均不得擅自使用该商标。商标的独占性主要体现在两个方面。首先，商标所有人在经过核定的产品上拥有独家使用权。未经所有人的同意，其他人不得随意使用或滥用该商标。其次，商标所有人还享有禁止权。这种权利意味着，其他人不得将与商标所有人的注册商标相同或近似的商标用于同一类或类似的商品上。商标权只能授予一次，其他人在一种或类似商品上再提出相同或近似商标的使用申请，则得不到国家主管机构的授权。

（2）时间性

商标权，作为知识产权的一种，其保护并非永久，而是有着明确的时间限制，通常这一期限为 10～15 年，中国的商标权时间限制在 10 年。商标权与专利权是不同的，商标权到期后，其所有人享有续展的特权，且这一续展过程可以无限次进行，为品牌的长久保护提供了可能。要实现商标的持续保护，关键在于商标权所有人须遵循两项基本原则：一是按时缴纳规定的续展费用，二是及时完成续展登记手续。

（3）地域性

商标权的地域性指的是，商标权只在授予国境内有效。因此，如果想要在其他国家也同样享有商标的保护权，商标的所有人就需要在其他国家申请注册。

（三）专有技术

1. 专有技术的概念

专有技术，来自英语中的"know-how"，其意为"知道怎么做"，该词在 20 世纪五六十年代首先出现于英国和美国，目前在世界上已被广泛承认和使用。至于对专有技术的理解，目前国际上还没形成统一的认识。联合国世界知识产权组织在其 1972 年制订的《发展中国家保护发明示范法》中，对专有技术所下的定义是：所谓专有技术是指有关使用和运用工业技术的制造方法和知识。国际商会在拟定的《关于保护专有技术的标准条款草案》中，把专有技术定义为：实施某种为达到工业生产目的所必须具有的秘密性质的技术知识、经验或其积累。从本质上讲，专有技术是一种未寻求专利保护的知识产权形态，其持有人依赖于高度严密的保密措施，确保这项技术不被外界窥探或复制。正因如此，专有技术常被形象地称为"秘密技术"。专有技术主要包括图纸、数据、配方、知识、经验、技术资料等，并且它所涉及的范围也较为广泛，既有技能、工艺、制造与加工标准，也有制造、使用和维修的程序。

第二次世界大战以后，尤其是 20 世纪六七十年代以来，随着技术贸易的迅速发展，专有技术的转让数量占国际技术贸易量的比例日益提高，甚至超过了专利技术的交易量。例如，在中国引进的技术中，90%以上都属于专有技术。专有技术虽然是不受法律保护的秘密技术，但却能用于工业生产和服务等行业，对社会经济的发展有着重要的实用价值。

2. 专有技术的特征

（1）保密性。专有技术通常指的是未公开且未通过法律正式授权的秘密技术，其本质在于其非公开性和非专利性。任何技术一旦以任何形式进入公众视野，便不再是专有技术。专有技术由于未经过法律授权，因此它无法享有法律保护，这也就意味着专有技术的所有者只能通过自我设定的保护措施来确保技术的专有性和保密性。以美国可口可乐公司为例，该公司虽掌握了可口可乐的独特配方，却选择不申请专利保护，而是采取了一种巧妙的保密策略：将配方一分为二，分别由总经理和总工程师各自保管一部分，这种内部管理机制自 1886 年起，有效地维护了可口可乐配方的秘密至今。专有技术往往也会因保密措施不当而变为公开技术，从而丧失其商业价值。专有技术之所以没有取得专利权主要有两方面原因：一方面是，它不具备取得专利权的条件；另一方面是，它虽然具备取得专利权的条件，但专有技术的所有者愿意自行保密而没去申请专利。因此，专有技术的范围比专利技术更为广泛。

（2）经济性。在形态上，它既可以是从产品的开发到最终制成品的总体系列技术，也可以是以一项或几项产品的配方、工艺或产品设计方案为主的单项技术。

（3）可传授性。专有技术是一种能够以多种形式传授给他人的技术，包括言传身教、配方、图纸、数据等形式。

（4）历史性。专有技术的历史性指的是，它是经过多年的经验总结与积累而产生的，并不是灵光一闪而产生的。与此同时，随着经济与科学技术的持续发展，专有技术的内涵也在不断扩展与进步。这种技术并非固定不变，它随时代的前进而日益丰富，适应着日新月异的社会需求。然而，当新的替代技术问世时，某些旧的专有技术也可能会逐渐被淘汰。

3. 专有技术与专利的区别

（1）法律地位不同。专有技术通常是由于种种原因，未申请专利或不能取得专利的技术，因此专有技术无法享受法律的保护，它只能通过自身的保护来维护其所有权。而专利则是需要经过法律程序才能授权的技术，因此它享有法律保护。

（2）技术内容的范围不同。相比起专利技术，专有技术内容的范围更为广阔。世界各国对于哪些技术领域能够被授予专利权，均设有明确的法律边界，这意味着并非每一项技术都能申请专利。专利制度的这一特性，使技术所有者在申请专利以寻求法律保障时，必须对技术作出详细的介绍。更为关键的是，申请专利的过程本身即意味着技术细节的全面披露，这种公开性虽然保障了创新成果的法律地位，却也不可避免地增加了技术被模仿甚至盗用的风险。因此，许多专利申请者在申请专利时会对那些易于被复制的关键部分寻求专利保护，而将技术的精髓与核心竞争力保留给专有技术进行自我保密。综上所述，专有技术的内涵丰富多元，它不仅涵盖了所有能够符合专利授予条件的生产技术、服务，还包括那些难以直接申请专利的管理、经营等技术。

（3）存在的时间不同。专有技术不受时间的限制，也就是说，只要该技术没有被淘汰，并且也没有被公开使用或发表，那就能一直作为专有技术而存在。而专利技术受法律保护的时间是有限的，并且在到期之后，也无法续展，通常专利技术的受保护时间为 20 年。

三、国际技术贸易方式

技术作为商品是无形的，因此技术贸易的方式与有形商品贸易相比有很大不同，技术贸易虽然不经过租船、报验、报关、装运、投保及验收等有形商品贸易的履约程序，但往往会涉及有关国家的法规、国际公约及众多的技术人员，并常常伴随着设备及原材料等有形商品贸易。技术贸易从交易的开始到交易的结束一般需要很长一段时间，因为技术贸易的内容和方式极为广泛和复杂。

国际技术贸易的方式可分为：知识产权转让、许可贸易；直接投资；技术服务与技术咨询；国际经济技术合作方式，包括国际合作生产、国际工程承包、与设备买卖相结合的技术贸易、补偿贸易、国际合作设计与合作开发。目前，国际技术贸易的主要方式有许可证贸易、技术服务、合作生产与合资经营、工程承包、补偿贸易等。

（一）许可贸易

1. 许可贸易的概念

许可贸易又被称为许可证贸易，是知识产权领域的一项重要交易形式。许可贸易指的是知识产权的所有者，即许可方（也被称为技术转让方），基于特定条件，与被许可方（即技术引进方）签订正式的许可合同。通过这样的合同，许可方授予被许可方使用其专利权、商标权、专有技术以及计算机"软件著作权"等知识产权的权利。这意味着被许可方获得了合法权限，可以利用这些技术来生产、销售和进口合同约定的产品。许可贸易不仅是一种高度专业化的交易模式，还深深植根于法律框架之中，确保交易的合法性和双方权益的保障。在当前的国际技术贸易舞台上，许可贸易是使用最广泛与普遍的一种贸易方式。

2. 许可贸易的特征

（1）许可贸易中转让的技术会耗费大量财力、物力和人力

许可贸易与普通贸易是不同的，许可贸易在技术的转让中会耗费人力、物力与财力。在许可贸易中，许可方的核心诉求超越了简单的成本回收与利润获取层面。他们更加注重的是在确保技术使用权转让的同时，能够维系自身在技术领域的主导地位，避免被授权方凭借技术获取迅速崛起，形成对其市场竞争优势乃至经济利益的潜在威胁。这种出于保护自身技术垄断地位的考量，往往促使许可方对被许可方施加一系列限制性条款。然而，这一系列限制性措施不仅严重阻碍了市场公平竞争的基本原则，更是在深层次上，对被许可方那些寻求技术引进以推动经济发展的国家，构成了不小的障碍。

它们可能延缓了技术创新的步伐，限制了市场活力的释放，进而对构建健康、有序的国际经济新秩序，以及促进全球经济正向循环的努力产生了不利影响。鉴于此，全球多国政府及国际组织纷纷采取行动，通过制定和实施国内立法，以及双边乃至多边国际条约与公约，来明确界定并限制那些可能对市场竞争产生不当影响的限制性商业行为。

（2）许可贸易涉及的法律比较广

一般的货物买卖合同，主要是适用于合同法和买卖法的有关条文。而许可贸易除了以上法律的一般规定外，还适用于工业产权法、国际贸易法、国际投资法，特别是技术转让法的有关规定。因为，技术的转让不仅是企业行为，它还与一个国家的长远经济发展战略和国民经济发展有着密不可分的关系，它直接关系到社会的公共利益。

（3）技术贸易涵盖了生产的全过程

技术贸易其实就是技术的传授、吸收、实践和转化为生产力，以及交易标的买卖的过程。与一般的商品合同相比，许可贸易合同的时间更长，即都是一些长期合同。然而，值得注意的是，如果许可贸易的转让期限过长，不仅会影响技术引进国与企业的科技发展与进步，同时也会对其经济利益产生不利影响。因此，国际上有些国家在法律上规定了技术合同的最高年限。

（4）许可贸易比一般有形商品贸易复杂

许可贸易是一种综合性强、内容复杂的经济活动，通常涉及技术、投资、贸易、价格、税法、外汇管理、劳动管理等方面的问题。且有些技术贸易标的的所有权是无法转让的，如专有技术的专有性要靠保密来维持，而专有技术的使用权实际上就是技术的所有权。

3. 许可贸易的类型

技术许可合同是国际技术贸易合同的主要和基本形式。它是双方当事人为共同实现专利权、商标权和专有技术的使用权转让的特定目标而规定双方权利和义务的法律性文件。技术许可合同可以按不同的标准进行分类。通常根据授权性质和使用的地域范围，技术许可合同可划分为以下几种类型。

（1）普通许可

普通许可，也称非独占许可合同，其明确在特定时间段与地域界限内，赋予被许可方对许可标的进行使用、生产、进口及销售等活动的合法权利。值得注意的是，此授权并不剥夺许可方自身行使相同权利的能力，也不妨碍许可方将相同权利授予任何其他第三方。作为许可类型中权限授予最为基础的一种，普通许可因其相对较低的转让费用，成为众多发展中国家在引入先进技术时的首要选择。根据国际许可贸易的通用规则，若许可合同中未明确界定许可的具体性质，则默认采用普通许可形式。

（2）排他许可合同

排他性许可协议，也被称为全权许可合同。排他许可合同指的是在合同明确界定的有效时间段与地域范围内，被许可方与许可方双方均享有使用特定技术及其相关产品销售的权益。然而，这一协议的核心特征在于，它严格限制了许可方将同一技术转让给除被许可方之外的任何第三方使用的权利，从而确保了被许可方在指定范围内的使用权。此类许可合同在广泛的商业实践中并不普遍，其应用往往基于特定的情境与需求。例如，在高等教育机构、科研机构如大学、研究所及实验室中，这些机构虽手握前沿技术，但可能受限于生产条件或市场资源，难以直接将技术转化为产品。此时，排他性许可合同便成为一种理想的解决方案。科研机构能够将其技术成果转让给具备生产能力的企业或个人，不仅能获得相应的经济回报，同时也确保了被许可方能继续利用该技术进行科研实验。

（3）独占许可

独占许可作为一种在特定合同期限与地域界限内赋予的专有权利，确保了被许可方对某项技术的独家使用权，涵盖使用产品、生产产品、销售产品及进口产品等多个环节。在此期间，许可方不能将该项权力许可给合同区域内的任何其他第三方，并且自身也不能在该区域内使用该商标。因而被许可方需向许可方支付的技术使用费通常要高于普通许可费。国际许可贸易工作者协会的统计数据显示，独占许可合同所涉及的技术使用费往往比普通许可高出 60%～100%。

目前在全球范围内，普遍使用独占许可形式的国家，主要为日本、美国、西欧等一些地区和发达国家。这些地区和国家的市场竞争激烈，企业为了在市场中占据主导地位，掌控产品销售的垄断权，常常愿意支付高昂的价格以独占的形式获取先进技术。通过独占许可，引进方能够有效抵御竞争对手，利用先进技术创造并维护高额的市场利润，从而在激烈的商业竞争中脱颖而出。

（4）分许可合同

分许可合同，也称为从属许可合同。分许可合同指的是在此合同框架下，被许可方在获得许可方明确授权后，有权在合同明确规定的时间段及地域界限内，将所持有的技术使用权整体或局部地转授予第三方。这种分许可模式常见于跨国公司或行业垄断集团旗下的子公司，以及它们在全球各地的驻海外机构。由于某些限制因素，直接由母公司或集团总部向第三方授予许可，可能不可行或不适宜，因此，它们会先将相关技术许可给其子公司或海外机构，随后由这些实体作为中间方，与第三方签订分许可合同，以实现技术的有效转让与利用。

（5）交叉许可合同

交叉许可合同，也被称为互换许可合同。交叉许可合同指的是合同双方或各方拥有的知识产权或专有技术，按照彼此认同的约定条件，双方以互惠的方式，互相交换各自技术的使用权，使对方得以利用所获技术。这一许可多见于原始发明专利权人与其衍生发明专利权人之间。采用交叉许可的方式对双方都有利，交叉许可中相互交换的技术通常是有联系的内容。

上述 5 种许可贸易方式各有利弊，在国际技术贸易中，双方究竟采用哪种方式签订许可合同，取决于多种因素，其中，技术价格和市场销路是两个主要因素。如果在被许可方的国家或地区内，技术产品的销售市场不大，签订排他许可合同较为合适。被许可方虽然支付的费用比普通许可高，但可以减少竞争对手，增强对市场的垄断性，许可方一般也愿意提供排他许可。如果销售市场很大，许可方一般愿意提供普通许可，一方面许可方也想在该市场销售其产品；另一方面通过技术的多次转让，许可方也可以获取更大的利润。对于被许可方来说，虽然可能存在多个被许可方的竞争，但由于市场广阔，对产品的正常销售不会产生严重影响，加之普通许可的技术转让价格较低，这种方式较容易接受。独占许可和分许可在技术贸易中所占的比例较小，对于能够大量生产和大量销售的技术产品，这两种方式的技术转让价格通常很高，难以被一般企业接受。

（二）国际技术服务与技术咨询

随着科学技术的迅猛发展，解决一个问题通常需要众多部门共同完成，而对于一些规模较小的企业来说，并不具备这样的组织结构，因而他们需要寻找提供技术服务或咨询的部门来帮助和解决这些技术难题。广义上说，技术服务和咨询也属于国际服务贸易的范畴，但技术服务和技术咨询是以提供技术知识为主的特殊服务，因此，与一般国际服务贸易易又有所不同。

1. 国际技术服务和技术咨询的概念

（1）国际技术服务的概念

国际技术服务是一种知识性服务，它主要指的是在委托方的请求下，受托方依托其深厚的专业技术知识与实践经验，为委托方解决特定技术课题。这些特定的技术课题广泛涵盖了产品结构的优化升级、原材料与能源消耗的节约、生产工艺流程的革新改进、生产成本的有效降低、产品质量的显著提升、生产作业的安全保障，以及环境污染的有效治理等多个关键领域。

（2）国际技术咨询的概念

国际技术咨询指的是在委托方的请求下，受托方依据自身的理论知识、实践知识和信息，为委托方解决重大技术课题或特定技术项目。在这一过程中，受托方主要通过各种科学方法和先进手段进行分析、评价和预测，进而为委托方提供解决建议或可供选择的解决方案。国际技术咨询课题或项目一般包括技术评估、技术预测、专题技术调查、重大工程项目可行性论证、技术项目招投标文件拟订或审查等。

2. 国际技术服务与技术咨询的共同点

（1）二者都是解决技术课题

技术服务与技术咨询的课题都是技术领域的课题。二者不同于一般服务或咨询，如政治、法律、医疗保健等非技术问题都不属于技术服务或技术咨询范围。

（2）二者所用的知识都是普通知识

普通知识，是指某一技术领域从业人员普遍掌握的、成熟的、实用的，甚至是经验等一般知识。在技术服务和技术咨询中，普通知识完全可以满足解决约定的技术项目和技术课题的需要。因为服务、咨询项目或课题并不一定是新问题，可能是他人早已解决，而委托方尚未解决的问题。再者，委托方如需要新技术，如专利技术或技术秘密等，要通过签订专利实施许可合同，或者技术秘密转让合同加以解决。

（3）二者的机构是完全独立的

国际技术服务与技术咨询的"价值"在于其科学性和可靠性，而科学性与可靠性来源于从事服务、咨询机构与人员的"独立性"。因为只有独立机构才能排除外界利害关系的干扰，完全站在客观的立场上，凭借广泛的专业技术知识，高尚的职业道德进行工作，提出正确、可靠的技术解决方案或咨询结论。因此，技术服务和技术咨询机构的独立性是技术服务、咨询产业的生命。

（4）二者的受托方和委托方的关系是买卖关系

国际技术服务和技术咨询业务中，受托方提供给委托方的成果是咨询报告、技术方案，以及技术课题的最终解决方案等。技术服务或咨询机构将成果提供给委托方。委托方支付报酬后，成果"所有权转移给委托方"，受托方无权再使用，或者允许其他人使用。所以，技术服务和技术咨询类似于商品买卖。

3. 国际技术服务与技术咨询的区别

如上所述，国际技术服务和技术咨询既有先沟通之处，也有不同之处，因此在实际业务中，为了能够明确判断合同的性质以及当事人的权利义务，当事人应该对国际技术服务和技术咨询有着明确的区分，要明确两者的界限。因此，人们不仅应该了解它们的共同点，而且应该了解它们的区别点。

（1）二者适用的范围不同

国际技术咨询适用的范围主要是宏观的、重大的前瞻性技术课题，包括产品设计、质量控制材料鉴定、工艺流程改进、降低原材料或能源消耗等，包括：科学发展战略和规划的研究，技术政策和技术路线选择研究，重大工程项目，科技成果转化项目，重要技术改造，科技成果推广可行性分析研究，特定技术领域、行业技术发展的研究，产业、技术开发与技术创新分析论证，产品换代技术方案、工艺路线分析研究，传统企业改造、升级、转型的建议或方案。

（2）二者机构的责任不同

国际技术服务受托方的责任，是提出技术课题解决方案，并负责方案的实施，使委托方的技术课题得到圆满解决。如开发一项新产品、产品更新换代、降低原材料和能源消耗，最终成果必须达到规定的技术指标。如成果实施未达到规定的技术指标，或者实施给委托方造成经济损失，技术服务受托方应承担赔偿责任。

国际技术咨询受托方的责任，是按合同约定的时间，质量，提供符合咨询合同要求的咨询报告，但不负责咨询报告的实施。实施咨询报告的责任在委托方，委托方按咨询报告实施，即使结果不理想或者失败，造成经济损失，咨询受托方也不承担责任。除非失败或经济损失是因受托方未遵循咨询职业道德，未恪尽职守或故意行为所致。

（3）二者使用的知识范围不同

国际技术服务过程中，技术服务受托方使用的知识是专业技术知识和经验，即解决实际问题的知识，其知识能满足解决特定技术问题的要求，不需要与技术问题解决无关的高深理论或大道理。

国际技术咨询过程中，咨询受托方使用的知识，是理论与实践结合的知识、广泛的专业技术知识以及前沿技术信息。在技术咨询过程中，受托方必须在实地考察、评价，并在科学分析、逻辑推理、精确计算的基础上，实事求是地提出有创见性的咨询报告，报告的质量应体现在 4 个方面：经济上合理、技术上先进、生产上可靠、实践上可行。

（4）二者的成果形式不同

国际技术服务的成果，是委托方所期望的"结果"，即技术课题或疑难技术问题的圆满解决。例如委托方开发一项新产品，遇到技术难题，经多方努力，仍不能达到设计的技术标准，聘请受托方之后，克服了遇到的技术难题，取得了满意结果。

国际技术咨询的成果，是书面咨询报告、建议书、方案，通常还包括咨询过程中的图纸、图表、资料等。

（5）二者提供咨询和服务的时间不同

委托方要求技术服务的时间，一般是现有老企业或新建企业时。委托方要求技术咨询的时间，一般是在项目规划阶段、实施阶段或企业建成之前。

4. 国际技术服务与技术咨询产业形成的基础

（1）技术课题复杂化与企业技术知识的专业化矛盾日益突出

在生产社会化程度不断提高，国际产业分工不断深化的形势下，企业面临各种错综复杂的技术问题，单靠自身的技术资源、人力资源解决这些问题早已力不从心，企业不得不寻求社会人力资源和智力资源提供协助，以弥补企业人才资源和学科知识的不足，因此，面对这种需求，技术服务和技术咨询机构应运而生。国际技术服务与技术咨询产业在特定业务范围内，掌握了多学科专业知识，拥有丰富的实践经验，具备前瞻性的预测能力，有能力满足企业的迫切需要，而且服务或咨询的效果实用、可靠，经济、节约，深受委托方的欢迎。因此，在其为委托方提供智力服务过程中，其自身也得到发展和壮大，并逐步形成和发展为一种独立的产业部门。技术服务与技术咨询产业之所以能够形成和发展，除了其自身的优势之外，更主要的一个原因是社会需求旺盛、市场广阔。

（2）科学技术迅猛发展

经济全球化趋势加快了技术创新步伐，技术发展滞后的国家和企业越来越被边缘化。在这种形势下，它们为了发展本国经济和改造落后的产业，急需国外的人力和智力资源提供专业智力服务，这就客观上为技术服务和技术咨询产业的国际化发展提供了有利条件。

（3）中小企业技术先天不足为技术服务和咨询产业提供了用武之地

纵观世界各国，无论是工业化国家，还是发展中国家，中小企业在企业总数中都占很大比例，有的国家甚至占到90%以上。它们大都具有一定专门技术知识，可以满足市场对产品的多种需求；或者成为产业链中的一个环节，为大企业产品配套。但是，中小企业大都资金不足、人才缺乏、专业知识面狭窄，遇到复杂的技术课题难以依靠自身的力量来解决。因此，它们对技术服务和咨询机构的智力资源有很大需求。

（4）国际技术服务与技术咨询机构的独立性为自身发展创造了有利条件

国际技术服务与技术咨询机构的独立性形成了超脱性，使它们可以排除其他机构或人员的干预和制约，运用其掌握的专业技术知识，独立地对特定的技术课题作出高质量客观的结论，这一特性深受社会的重视和欢迎，也大大推动了技术服务与技术咨询产业自身的发展。有些大企业即使自身具有较强的技术实力和充足的智力资源，但本企业专家和技术人员为本企业解决某项技术课题时，也往往因人员之间的利害关系、领导或其他人员的制约，难以作出正确和客观的结论。而技术服务和技术咨询机构是独立企业，与其他企业不存在隶属关系，与机构外人员也无直接的利害关系。因此，技术服务和技术咨询机构完全可以避开不利影响，站在局外人客观的立场上，以高度的职业道德，运用所掌握的专业知识，作出符合实际的判断和高质量成果，为委托方缩短解决技术课题的时间，节省费用。

5. 国际技术服务与技术咨询的流程

国际技术服务与技术咨询的业务范围很广，课题难易程度有别，致使业务程序也不完全相同。但是，国际上还是有可以遵循的规则和业务程序的，其规则和一般业务程序大致如下。

（1）选择合适的技术服务或技术咨询机构

技术服务和技术咨询机构很多，不同机构的业务范围、专业化程度和经验各异。因此，在邀请服务和咨询之前，委托方必须对社会上各种技术服务、技术咨询机构进行认真的调查了解，选择最能胜任的合适机构。社会上的技术服务和技术咨询机构主要有以下几种类型。

① 独立开业的服务、咨询专家或专家组

有名望的专家或若干位专家、学者、教授单独或组成小组独立开业。他们是某个技术领域公认的权威，具有较深的专业造诣和知识水平，特别擅长解决所属领域专业性很强的技术课题，或对技术课题提出有价值的评估建议。他们的优点是解决课题质量好、速度快、费用低，缺点是组织不够严密、专业范围较窄、缺乏实验设施、办公条件较差。因此，他们适合解决特别专门的技术课题。

② 专业技术服务和技术咨询公司

专业技术服务和技术咨询公司，是专门从事技术服务和技术咨询的法律实体，有完善的组织机构、固定的业务范围、多学科专业人员。它们的优点是人员学科知识面广，素质高，服务、咨询经验丰富；拥有测试，试验手段和辅助人员；工作程序和管理也比较规范。因此，这类机构有能力解决多学科、多专业的复杂技术课题，承担大型项目的各种技术服务、咨询任务。缺点是服务费用较高。

③ 工程公司

工程公司的主要任务是承担项目的建设和施工，但通常也具有工程设计力量和项目前期准备的实际经验。因此，除承担工程项目建设和施工外，也可以承担所属领域的技术服务和技术咨询工作。

④ 科学研究机构

科学研究机构集中了大量的理论和专业人才，他们不仅善于基础研究，也善于应用研究，并能转化研究成果，并将之应用到工业生产领域。不过，他们理论知识虽然丰富，但解决生产问题的实践经验不足。而且，技术服务和技术咨询工作不是他们的主要业务，接受服务和咨询任务后，往往投入的人力不足，时间上难以保证。

⑤ 高等院校

高等院校是科学技术发展的一支重要力量，它们拥有著名的专家、教授等各类专业人才，不仅理论知识丰富，而且又有很强的研究能力和实验手段。如果雇主委托他们进行专题研究、技术服务或咨询，或者将企业生产与服务、咨询结合起来，效果非常理想。

总之，社会上技术服务和技术咨询机构很多，它们都有各自的专业范围和特长。因此，在邀请进行技术服务或技术咨询时，委托方应根据课题的性质、范围、难易程度，通过各种途径了解各机构的组织规模、业绩、水平、人员构成、信誉及其经营状况，从中选择专业对口、经验丰富、信誉卓著者。

（2）拟定技术服务和技术咨询业务程序

① 拟定技术服务和技术咨询任务书

技术服务和技术咨询任务书，是委托方拟定的服务、咨询项目的初步说明书，其内容包括项目名称、主题、范围、质量和时间要求，以及工作环境、条件、资金来源等。委托方拟妥服务、咨询任务书之后，要发送给选定的技术服务或技术咨询机构。发送方式有两种：一是由委托方做成"标书"，在主要的报刊上发布，让技术服务或技术咨询机构购买；二是做成询价书，向选定的技术服务和技术咨询机构发出询价，邀请它们按标书或询价书的要求进行投标或报价。

② 对报价或投标书进行比价或评标

技术服务或技术咨询机构收到询价书或买到咨询、服务标书后，要认真研究服务、咨询询价书或标书的内容，确定课题是否属于本机构的专业范围；评估课题难易程度、所需知识结构和知识水平、工作量大小等。如认为有能力承担该课题，就按询价书、标书的要求，拟定报价书或投标文件，并在规定的最后时限之前，向询价方或招标方提出报价书或投标书。询价方或招标方收到报价书或投标书后，进行综合分析、比较、评标，从中选择最符合要求者作为受托方。

③ 磋商技术服务或技术咨询条件

根据技术服务或技术咨询报价书、投标书的评定结果，双方要就咨询或服务的条件进行磋商，澄清双方的立场，缩小双方在服务或咨询条件上的差距，取得相互谅解后，最终达成交易。

④ 签订技术服务或技术咨询合同

双方经反复磋商，对各项条件达成一致后，签订具有法律约束力的书面合同。书面合同是受托方执行技术服务或技术咨询工作的依据和成果的考核标准，也是委托方承担责任、权利、义务的依据。因此，当事人应该仔细斟酌合同的各项规定，避免出现错漏，以保证合同顺利履行。

（三）特许经营

1. 特许经营的概念

特许经营，又被称为经营模式特许，是指特许方将自身的产品的生产、经营、技术等各个方面全部授予被特许方的一种商业活动，并允许被特许方使用。如已取得商业成功的企业将一系列权益授权给另一家企业进行使用，主要包括商标、商业名称、专利、专有技术、服务标志以及独特的经营模式等。被特许方用特许方的商业名称经营业务，遵循特许方制订的方针和程序。同时，特许方有义务不断地对被特许方的经营提供资金、技术、商业秘密、人员培训或管理等方面的援助和支持，而特许方从被特许方得到连续提成费或其他形式的补偿，一般称此为特许费。

在特许经营合同中，特许方一般会在技术操作和经营方式上起到控制和监督被特许方的作用。而特许方和被特许方之间既不是总公司和分支机构、母公司和子公司的关系，也不是独立企业的自由联合，而是各自独立经营、自负盈亏的企业，双方并没有隶属关系。特许经营涉及的行业类型相当多，在美国它几乎囊括了所有零售业，如餐饮、旅店、休闲旅游、汽车用品和服务、零售商店、印刷、影印、招牌服务、人力资源开发、猎头、家庭服务、住宅装修等。

2. 特许经营的类型

（1）生产特许

生产特许指的是受许人通过投资建厂或"贴牌生产"的方式，来加工或制造取得特许权的产品，并且在产品的生产过程中，可以使用特许人的商标或标志、专利、技术、设计和生产标准。在产品生产后，受许人可以通过经销商或零售商出售，但不能直接与消费者或最终用户进行交易。较为典型的案例就是可口可乐的灌装厂、奥运会标志产品的生产。

（2）特许商标产品

受许人在批发和零售特许人的产品时，既可以使用特许人的商标，也可以使用特许人的零售方法。并且在这种情况下，受许人仍然可以保留自身原有企业的商号，受许人可以选择单独销售特许人生产并拥有商标权的产品，也可以在销售其他商品的同时，销售特许人的产品。

（3）经营模式特许

经营模式特许指的是受许人在营销推广和宣传上可以完全依照特许人设定的单店经营模式来经营，完全以特许人企业的形象出现在公众中。受许人有权利合法使用特许人的商标、商号、广告宣传以及企业标志等商业符号。与此同时，特许人对受许人的各项运营活动进行全方位的监督和管理，从产品与服务的销售策略到市场营销，再到内部的运营管理，都由特许人进行统一规划和指导。

3. 特许经营的优点

第一，特许经营作为商业资本扩展的一种高效模式，显著地促进了中小企业的快速发展。其核心优势在于，通过这一模式，中小企业能在节省资本投入的情况下，即不用自建经销机构，就能有效拓宽销售渠道，实现商品价值的最大化。

第二，特许经营模式的独特之处在于它巧妙平衡了特许人与受许人之间的独立性与利益共生。在这一合作框架下，双方均能在保持各自经营自主权的同时，实现共赢。特许人能够依托其成熟的经营模式和管理体系，快速且稳健地扩大业务版图，而无须从头开始探索新市场；而对于受许人来说，则大大降低了直接进入新市场可能遭遇的不确定性和风险。

第三，特许人为提高自身的商誉，会随时开发独创性、附加值高的商品，以此形成差异化竞争力，受许人则不必自设研发部门就可以受益。

第四，由于特许人对周围环境随时做市场调查，包括顾客层形态的变化、消费倾向的变化等，因此，受许人也能及早采取应对措施。

4. 特许经营的特征

第一，特许人不能给受许人投入资金，并且受许人还要在财务与法律上，与特许人相脱离。

第二，特许人可以将特许经营权出售给受许人，之后受许人可以使用特许人的商号、经营方式等在特定的时间和区域内开展业务，此外，受许人还要按照合同约定，定期向特许人支付年金。如果受许人违约不支付年金，特许人有权禁止受许人在限定区域和期限内经营相同业务。

第三，特许人专门向受许人提供包括经营技巧等方面的全套方案（即无形知识产权），该方案通常包括在"操作手册"中。

第四，特许人在向受许人出售其经营模式之前，必须在其直营店中进行全面的市场测试，通过市场测试之后，才能出售该模式。

第五，在受许人开业之前，特许人须对其进行专业培训。在开业之后，特许人还应提供给受许人持续不断的支持和协助，包括各种必要的指导以及广告和促销活动。

（四）国际工程承包

1. 国际工程承包的概念

国际工程承包，作为一种高级别的国际经济合作模式，其核心参与者通常包括国际经济技术合作公司或一国的承包公司。这些公司凭借自身雄厚的资金储备、技术、劳务团队、设备设施、材料、管理以及许可证等，积极活跃于全球性的承包市场舞台之中。并且承包企业往往需要通过严格的投标、议标，或是其他形式的深入协商，才能与来自世界各地的工程业主建立合作关系。按照国际工程业主的特定需求与标准，业主开展工程项目或从事其他有关经济活动时，要按合同要求为承包公司支付费用。

国际工程承包涉及的主要当事人有承包商和业主。承包商，是承包某项工程的自然人或法人，负责采购物资、建设工程项目、提供咨询等业务。业主，也称为发包人，是工程的所有人，负责发包工程、提供建设项目所需资金，并按规定向承包商支付费用。此外，国际工程承包涉及的当事人还有二包商、工程师及其代表、承包商的代理人、设计师、业主的工程管理机构和供应商等，他们按照各自的分工直接或间接参与工程项目的建设。

2. 国际工程承包的特点

（1）内容较复杂

国际承包工程不仅涉及项目所在国的社会政治、经济、文化和参加人员，还涉及工程、技术、金融、保险、贸易、投资、管理和法律等领域，内容广泛且复杂。即使是从承包工程本身来看，从筹备到完成也要经过一系列复杂过程，其中包括可行性研究、基本设计与估价、招标、签约、采购、施工、移交以及处理善后事宜等。

（2）营建时间长

由于国际承包工程项目大，一般都有一个较长的施工期，短则1～3年，长则10年左右，最短的也不会少于半年。

（3）合同金额大

在国际承包工程项目中，通常其交易金额较大，有时会高达几十亿美元。另外，由于每个地区的经济有所差异，因此在技术、商品和劳动力方面，其成本和价格也会有较大的差异，承包人可赚取巨额利润。

（4）经营风险大

国际工程承包是一项复杂而多面的经济活动，它深度融合了资本、技术、设备、劳动力及多种商品的综合输出。在这一过程中，承包商面临着诸多难以预估与控制的外部因素，这些因素共同构成了国际工程承包领域特有的高风险特性。另外，由于国际承包项目普遍都是在国外，并且不仅涉及庞大的合同金额，还伴随着较长的建设周期，承包商不得不面对一系列挑战，如项目所在国的政治稳定性、政策调整及法律环境的频繁变动；货币价值的波动；承包市场的竞争；等等。这些挑战都会直接影响材料设备采购成本、劳动力成本及承包商对设备和外汇的转移等。因此在合同订立之初，承包商需对可能引发风险的各种因素进行深入细致的分析与评估，并尽量在合同中订立避免和转移风险的条款。

（5）工程差异大

国际承包工程之所以有着工程差异大的特点，是因为工程项目会根据所在国家的不同而不同，具体来说，项目所在国家间地理位置迥异，随之带来的是社会结构、文化传统、风俗习惯、自然环境的千差万别，各国独特的法律体系与规章制度不仅会影响工程项目的性质、规模与具体要求，也深刻影响着施工条件、施工组织以及施工方法。因此，对于每一个新承接的项目，承包商都必须采取一种量身定制的策略，也就是说，在国际承包中没有完全一样的项目。

（6）涉及关系广

在国际工程承包合同中，虽然签约人只有业主与承包商，但在合同项目的实际执行过程中，通常会涉及多方面的关系人。具体体现在，业主方面会有咨询公司、业主代表等；而承包商方面会有合作伙伴，包括合伙人或分包商，以及各类材料供应商等。此外，为了保障项目的顺利进行，在业主与承包商之间，还会有银行与保险公司等金融机构作为担保人或关系人。尤为值得注意的是，不同规模与性质的工程项目，涉及的关系人的数量也是不同的，比如对于一些大型的工程项目的实施，除了业主与承包商签订合同外，还会涉及几十家公司，因此承包商就需要签订几十份合同。因此，对于承包商而言，不仅要与业主之间建立良好沟通与合作关系，还要处理好与工程实施过程中所有相关方的关系。

3. 国际工程承包的方式

（1）总包方式

总包方式，又被称为独立承包方式。它强调由单一承包商——即主包人或第一承包人，全面负责从项目初期的投标、报价、谈判、合同签订直至组织并有效实施合同所规定的各项工程内容。无论是否存在对内、对外的转包或分包行为，主包人均须对业主或发包人承担最终的、全面的责任。

（2）分包方式

在分包方式下，承包商并不承揽整个项目的全部工程，而是聚焦于特定的单项工程、子项目或某一具体工程的承包业务。并且在这一过程中，分包人仅对其合约方负责。

（3）转包或转让方式

转包或转让方式是指，在不违背已签署合同的条件下，并且得到业主或项目监理工程师的明确许可后，原始承包商可以将承建的工程项目整体或部分转让给另一承包人的承包方式。

（4）联合承包方式

联合承包方式指的是来自两个或两个以上不同国家的承包商，基于共同利益，通过签订合同的方式组建联营体或合资公司。之后联营体或合资公司会共同参与某项工程的资格预审、投标、合同签订流程，最终合作完成整个工程项目的承包任务。

4. 国际工程承包的基本程序

国际工程承包的成交主要有两种方式：一是委托成交，二是招标成交。目前国际上采用招标方式较多，下面就招标成交介绍一下国际工程承包的基本程序。

（1）广泛收集招标信息并对项目所在国进行各项调查

承包公司须在参加投标前通过各种渠道获取有关该工程项目的所有信息，包括通过驻外使领馆、国际金融机构、报纸杂志、驻外商务机构、中间代理人等，广泛收集有关该项目的建设计划，并结合自身的条件和技术力量进行准备。在投标报价前，承包公司必须对项目所在国的政治、经济、法律、自然条件和基础设施、市场行情等方面进行细致的调查，基本掌握这一项目的有利条件和不利因素，以便在谈判中占据主动地位。

（2）详细准备好报送的预审资料

为了确保参加投标者具备工程的承包能力，在国际工程公开招标时通常要对投标者进行资格预审。只有通过资格预审，才能购买招标文件，成为合格的投标者。所以，承包公司必须事先准备好各方面的资料，包括本公司的技术设备能力、施工经验和财务状况等，并根据招标者的工程特点，有针对性地报送给对方，以便符合招标的要求。

（3）深入研究招标文件并参加标前会议

招标文件体现了招标者对工程项目各方面的具体要求，也是投标人编制投标书的直接依据。通过对招标文件的深入研究，承包公司可以了解工程的各项技术指标和要求，明确承包这项工程的责任和报价范围。标前会议是招标者提供解答招标文件有关问题的机会，所以承包公司应认真参加。承包公司可要求招标者对招标文件含糊不清的地方进行解释，并可以要求招标者复发书面文件，作为招标文件的补充。

（4）正确确定报价水平

在国际工程承包市场上，投标者之间的竞争非常激烈。但是价格竞争仅是其中一个方面，更重要的是要看投标者的技术条件、施工经验及资信状况等综合条件是否符合招标者的要求。很多国际招标文件上都明确注明，报价最低者不一定就能得标，但并不公布理由，也就是说，招标者要参照很多其他因素来做决定。因而，投标者在认真研究招标文件的基础上，应根据工程所在国和国际市场的原料和机械设备的价格、运输费、税率和汇率等情况，参照国内外相似同类工程的施工成本或报价资料，再估计竞争对手们可能提出的报价范围，最后根据自己的技术力量和条件，在综合分析的基础上作出判断，确定自己的最终报价。

（5）评价、中标后签订承包合同

招标者收到标书后，按照招标文件所规定的时间和地点，当众将所有标书逐一启封，宣读其中内容，并由评标委员会对所有投标书进行逐个审查比较，评选出符合招标书要求的最适合的承包人。最后，由招标者向中标者发出书面的中标通知，双方签订承包工程合同。

四、国际技术贸易价格与税费

（一）技术的价格

1. 技术价格的概念及决定因素

尽管技术的价值是技术价格的基石，但技术的实际价格却往往未能完全反映其内在价值。技术的价格，本质上是由技术接收方支付给技术的提供方的综合费用，同时也是双方对超额收益及新增利润的分成。

值得注意的是，技术的价格并非一成不变，而是随着多种因素的动态变化而波动。影响技术价格设定及其波动幅度的关键因素包括以下几个方面：

（1）技术的市场需求。通常情况下，市场需求越大，技术的价格就越高。（2）技术的研究开发成本。技术的研究开发成本越高，技术的价格也就越高。（3）技术的生命周期。生命周期长的技术，因其更持久的竞争力和市场适应性，往往价格较高。（4）技术的成熟程度。对于引进后即可直接投入使用的成熟技术，其价格通常较高。相反，需要进一步开发试验的技术，则可能因风险与不确定性，技术的价格也就较低。（5）支付方式。一次性支付的交易，技术的价格较低；而需要分期付款的交易，技术的价格则较高。（6）谈判策略与技巧也会对技术的价格产生一定的影响。

2. 技术价格的构成

技术价格主要由三部分构成，分别是技术的研究开发成本、增值成本和利润补偿费。

其中技术的研究开发成本主要包括在技术研究与开发时，消耗的物化劳动和活劳动，这一部分约占技术整体价格的60%～70%。增值成本也就是技术的提供方在转让技术时，需要支付的费用，主要包括培训人员、派出谈判人员、签订合同、提供资料和样品、提供技术指导及管理等费用。利润补偿指的是考虑到技术转让后，技术提供方在技术受让国市场或第三国市场上可能面临的技术产品市场份额减少，进而导致的潜在利润损失的合理补偿费。

（二）技术转让费的支付

技术贸易的支付方式与商品贸易有所不同，目前国际上通行的技术转让费的支付方式大致有以下三种。

1. 总付

总付是指双方在签订技术转让合同时，确定一个总价格，然后由受让方一次性或分期支付。这种支付方式虽然价格明确，但技术的受让方难以得到卖方的技术帮助，导致技术难以发挥最大的效益。

2. 提成支付

双方在签订技术转让协议时，由于不确定技术的总价格，于是会基于所转让技术投产后的实际经济效益来确定。具体而言，双方会在协议中规定一定的偿付期限，并在该期限内按照一定的比例从技术投产后的实际经济效益中提取技术转让费。常见的提成支付方式包括按照销售额、利润或产量进行提成。

3. 入门费加提成费

入门费加提成费其实就是结合了总付和提成支付的支付方式，这种支付方式是目前国际技术转让中使用最多的支付方式。具体而言，当双方达成技术转让协议后，根据协议条款，技术的接收方需首先向技术的提供方支付一笔款项，即所谓的"入门费"。之后，在技术成功转让并投入生产后，就需要按照销售额、利润或产量提成支付。

（三）国际技术贸易中的税费

1. 对技术使用费征税的特点和一般原则

技术使用费所得税的征收，涉及双重管辖权和国家间税收利益的分配。国际上征收所得税一般遵循以下原则。

（1）对在收入来源地设有营业机构的纳税人，其技术使用费所得一般并入营业利润，计征企业所得税。美国称公司所得税，日本则称为法人所得税。

（2）对在收入来源地未设营业机构的纳税人，则采取"从源"控制，即在被许可方向许可方支付使用费时，由其代税收部门扣缴，称为"预提所得税"，代税务部门扣缴的被许可方称为扣缴义务人。

（3）以预提方式扣缴使用费所得税，税率一般低于公司所得税。因为预提所得税的纳税义务人是在来源地未设营业机构的外国自然人或法人，很难按正常征税程序和税率计算应纳税所得额，只能采取按使用费金额全额计征。但按使用费全额计征，纳税人的税负过重，因此，税率会有所降低，使纳税人的实际应纳税额与一般企业扣减费用后的应纳税额保持平衡。

2. 双重征税对国际技术贸易的影响及解决途径

双重征税直接恶化了国际技术贸易的宏观环境，迫使许可方提高转让技术的报价，加重了被许可方的经济负担，导致许可方市场竞争力下降。双重征税导致被许可方利用引进技术所预期获得的利益减少，将给许可方和被许可方国家的国际收支带来消极影响。

为了解决双重征税，有关国家通过国内立法，确定了一种减免税原则，规定使用费来源国先行行使征税权，而居民所在国依据纳税义务人在所得来源国纳税的实际情况，采取免税、减税或扣除等措施。还可以通过政府间避免双重征税协定来解决，签约国适当限制税收管辖权的实施范围，确认共同采取措施，由所得来源国优先行使管辖权，但承诺减低所得税税率，居民所在国政府对纳税人在所得来源国已纳税费予以抵免，使税收利益在有关国家间均衡分配。解决双重征税的具体方法如下。

（1）自然抵免（全额抵免）。当技术输出国和技术输入国的所得税税率完全相同时，技术输出国允许该进行跨国经营的居民把已经向输入国家缴纳所得税全额抵免，不再向技术输出国缴纳所得税。

（2）申请抵免。当技术输出国所得税税率高于技术输入国所得税税率时，可申请抵免。居民向本国税务部门提交申请税收抵免书，并附上该居民在外国（技术输入国）的纳税证明，经本国税务部门核准后可办理一次性抵免（一年一次）。

（3）最高限额抵免。当技术输出国的所得税税率比技术输入国的所得税税率低时，居民向本国政府申请抵免的最大和最高限额只能是其外国所得按本国税率计算的那一部分税款。

（4）费用扣除法。所谓费用扣除法，是指跨国纳税人将其国外已缴纳的所得税作为已开支费用，从其总所得收入中扣除，其余所得汇回本国，按本国所得税税率进行纳税。

3. 我国拟定技术引进合同税费条款应注意的问题

我国拟定技术引进合同税费条款应遵循以下原则：被许可方政府依据中华人民共和国税法，对许可方征收的与执行合同有关的一切税收，由许可方支付；被许可方政府依据中华人民共和国税法，对被许可方征收的与执行合同有关的一切税收，由被许可方支付；在中国境外，有关国家政府课征的与执行合同有关的一切税收，由许可方支付。另外，技术引进合同不得规定违反我国税法的条款；外商在我国境内所得享受减税、免税优惠待遇时，必须依法履行必要手续；对外经营单位必须履行扣缴义务人的职责，并提醒国内用户及时办理税收减免手续。

五、我国的技术贸易管理

国际技术贸易涉及政治、经济、生产、金融、技术、法律及国家发展战略和政策等多个方面。为了保证对外技术贸易的健康发展、维护技术进出口的经营秩序、规范技术进出口的经营行为，我国制定了一系列有关技术进出口的法令法规，对我国对外技术贸易进行管理。

（一）中国技术进出口管理制度

1950 年，中国对外援助开始起步。20 世纪 60 年代初，中国通过对外经济技术援助和国际科技合作向一些发展中国家出口技术，并从发达国家引进先进技术。20 世纪 80 年代以后，中国通过技术贸易途径出口的技术越来越多，为规范技术进出口行为，中国先后制定了有关的技术进出口管理制度，并随形势的发展对其中某些规定做了新的修订。1985 年 5 月 24 日，国务院发布了《中华人民共和国技术引进合同管理条例》；1982 年，对外贸易部证书撤销，成立于 1993 年的对外贸易经济合作部，其前身对外经济贸易部于 1988 年 1 月 20 日发布了《中华人民共和国技术引进合同管理条例施行细则》；1996 年 3 月 22 日，对外经济贸易合作部发布了《中华人民共和国技术引进和设备进口贸易工作管理暂行办法》。

中国加入世界贸易组织（WTO）以后，为履行作为 WTO 成员的义务，国务院于 2001 年 10 月 31 日通过了《中华人民共和国技术进出口管理条例》。2001 年 12 月 30 日，对外贸易经济合作部与国家经济贸易委员会（现合并为商务部）又发布了《中华人民共和国禁止进口限制进口技术管理办法》和《中华人民共和国技术进出口合同登记管理办法》，经济贸易委员会与科学技术部发布了《中华人民共和国禁止出口限制出口技术管理办法》，上述法规均从 2002 年 1 月 1 日起施行。与此同时，过去的技术进出口管理条例及实施细则全部废止。中华人民共和国商务部、科学技术部于 2009 年 4 月 20 日发布《禁止出口限制出口技术管理办法》，用以取代原编号为对外贸易经济合作部、科学技术部 2001 年第 14 号令的同名文件。2020 年 8 月 28 日，商务部、科技部调整发布《中国禁止出口限制出口技术目录》，为调整完善我国技术出口管理体系，2023 年 10 月 27 日商务部废止《中国禁止出口限制出口技术目录》。

除上述专门法规外，其他涉及对外技术贸易管理的主要法规还有《中华人民共和国对外贸易法》《中华人民共和国知识产权海关保护条例》等。

（二）中国对技术进出口的管理

1. 中国对技术引进的管理

中国对技术引进的管理主要是通过将其纳入国家经济技术发展的统一规划，并根据国家政策所制订的有关法令法规，对技术引进项目及其合同实行管理。

（1）中国现阶段技术引进的基本原则和政策

① 我国在引进技术时，需要注重两方面：一是技术的引进要综合考虑国家的国情、国力、特点和条件，二是为了能够选择恰当的引进技术的方式，还要细致考量各产业部门的技术架构与发展脉络。

② 对于技术的引进，其首要前提就是要确保当前国家的经济发展是急需引进技术的，同时还要确保技术引进与深化经济体制改革的步伐相协调，从而激发大中型企业的活力与创造力。

③ 在引进技术之后，要重视对所引进技术的学习与发展创新，并把该项技术向全社会推广，使之国产化。

④ 为优化技术引进的市场布局，我们倡导构建多元化、全方位的引进策略，特别聚焦于技术许可贸易、技术服务、顾问咨询、合作生产与研发设计等领域，以及关键设备的精准引进。这一策略旨在提升技术引进项目中技术软件的比例，同时控制成套设备的进口规模，以实现资源的最优配置。

⑤ 技术引进不应仅限于技术层面，先进管理方法的同步引进同样关键，这样能提升企业管理水平，为企业的长远发展奠定坚实基础。

⑥ 积极拓宽外汇资金来源渠道，为引进先进且适用的技术提供坚实的资金保障。

⑦ 在技术引进中，要灵活运用税收杠杆，对符合条件的技术引进项目实施税收减免或优惠政策，进一步降低企业成本，激发市场活力。

（2）中国技术引进的程序

① 技术进口交易的准备。这一阶段的工作包括引进技术项目的立项和可

行性研究，其主要内容包括：技术引进企业制订进口技术的计划，报有关政府主管部门审查批准；进口技术的计划获得批准后，技术引进企业编制进口技术项目建议书，报有关政府主管部门审查批准；项目建议书获得批准后，技术引进企业编制可行性研究报告，报有关政府主管部门审查批准；可行性研究报告获得批准后，技术引进企业便可以进行正式的技术询价和谈判，若企业无进出口经营权，则须委托有经营权的外贸公司代理办理进口有关技术。

②对外谈判并签订合同。这一阶段主要包括以下工作：正式对外询价，对技术和价格等有关因素进行综合分析；技术谈判，进一步了解技术的内容和技术供方的意图；商务谈判，在技术谈判的基础上进行有关商业内容的谈判；商签合同，在按照有关法律的规定向审批机关办理审批手续后，进出口双方按照谈判的结果签订合同。

③履行合同。技术引进合同批准后，受方应统筹安排，加强与供方协调合作，按照合同的规定，按时按质履行合同。在这一过程中，需要完成以下工作：供方交付技术资料，受方支付入门费；受方派技术人员赴供方进行培训；供方交付机器设备、生产线，货到后受方提货及报验；供方派技术人员，协助受方安装技术设备，帮助受方掌握技术；投料试生产，供方和受方按照合同规定的技术标准验收，并签署验收报告；受方支付合同价款；争议的解决、索赔等。

同时，外商投资企业以技术作为投资的，该技术的进口应按照外商投资企业设立审批的程序进行审查或者办理登记。

2. 中国对技术出口的管理

（1）中国技术出口的基本原则和方针

在推动技术出口的过程中，必须严格遵循国家的法律法规，确保所有活动不仅符合国家安全需要，也与国家的外交政策方向保持一致。在拓展国际市场时，绝不能以牺牲国家安全和公共利益为代价。同时，要走"贸工技银"相结合的发展道路。国家应积极倡导并鼓励技术出口。在技术出口贸易中，要积极利用法律与经济手段进行宏观调控，需要明确界定技术出口项目的类别，对禁止、限制和鼓励出口的项目分别采取不同的管理措施。此外，还应高度重视并严格遵守国际通行的规则与惯例，特别是要加强知识产权的保护，防止任何侵犯知识产权的行为发生。对于那些在引进技术时承担了不出口义务的项目，我们必须坚决禁止其再次出口，以维护国际贸易的公平与秩序。

（2）中国技术出口的程序

第一阶段：技术出口项目的立项批准，主要包括技术出口项目的可行性研究和报主管部门批准。

第二阶段：谈判与签约，主要包括技术询价和报价、技术谈判和商务谈判，以及接受与签订合同。

第三阶段：合同的履行，主要包括技术资料的准备与交付，对受方人员的技术培训，派技术人员赴受方进行技术指导和技术项目验收，合同有关的机器设备及其他物料的准备和交付，合同价款的收汇等。

（三）中国在国际技术贸易实践中应采取的对策

在中国进行对外技术贸易过程中，我方对国外技术许可方提出的限制性要求，一方面，要遵守中国的相关规定，对某些不合理条款予以拒绝；另一方面，也要根据实际情况，灵活处理，具体如下。

（1）签订技术进出口时，必须遵守我国的法律，凡法律规定合同中不得含有的限制性商业条款，未经特别批准，不得订入合同。

（2）对中国法律未作明确规定的限制性条款，可以根据交易的具体情况、我方所需和利弊关系，灵活掌握。原则是从我方的技术引进目的和总体利益出发，对我方有利或条件对等。有时为了我方引进必要技术的长远利益考虑，也需要做出一定的、合理的让步。

第三节　国际服务贸易

一、国际服务贸易的概念、分类与特征

（一）国际服务贸易的概念与分类

1. 国际服务贸易的概念

国际服务贸易，作为全球经济交流的重要组成部分，指的是在不同国家间进行的以提供活劳动为核心的服务性交易活动，这些服务旨在满足他人需求并据此获取相应经济回报。根据世界贸易组织颁布的《服务贸易总协定》，

国际服务贸易被明确划分为四种基本模式：跨境提供、境外消费、商业存在以及自然人流动。

2. 国际服务贸易的分类

国际服务贸易分为 12 大类。

（1）交通运输服务贸易

按世界贸易组织的分类，交通运输服务主要包括：货物运输服务，如航空运输、海洋运输、铁路运输、管道运输、内河和沿海运输、公路运输服务；航天发射服务；船舶服务（包括船员雇用）及附属交通运输服务，如装卸、仓储、港口服务，起航前的检查、报关服务、各种运输设备的维修与服务等。

国际运输服务贸易主要是一种由一方向另一方提供运输服务的活动，并且需要由另一方按照约定支付报酬。该贸易活动的交易对象主要是国家运输服务，并且主要是不同国家或地区的当事人进行的活动。国际运输服务贸易旨在实现货物或旅客在空间上的跨境位移。

国际运输服务贸易依据其服务对象的不同，可以明确划分为两大主要类别：国际货物运输服务贸易与国际旅客运输服务贸易。这两种服务形式，尽管服务的具体内容有所差异，但共同之处在于它们都建立在合同关系的基础之上。具体而言，合同的主体双方分别为：一方为货物的托运人或旅客，而另一方则是提供运输服务的承运人。国际运输服务合同详尽规定了双方的基本权利与义务：承运人须承担的核心责任是在双方约定的时间框架内，将乘客或货物送至指定地点，值得注意的是，在进行货物运输的时候，承运人不仅要将货物运送至约定地点，还须确保货物能够顺利交付给指定的收货人。相应地，乘客或托运人则须依照合同约定的支付方式，向承运人支付相应的服务费用。

国际货物贸易中的一切货物都必须通过运输从出口所在地移位到达进口所在地，国际运输是货物贸易业务过程中不可或缺的环节之一，成为国际货物贸易的桥梁。因此，国际货物运输环节开展得顺利与否，运输的快速性、安全性、可靠性和运价的高低，都会对货物贸易的范围与规模产生重要影响。

运输服务的提供者与消费者是国际货物运输服务的主体。其中，运输服务的提供者，即承运人，是拥有并运营运输工具，负责将货物自起运地安全、高效地运送至目的地的机构。而运输服务的消费者，在国际贸易中，主要是货物的卖方或买方，通常被称作托运人，他们依赖承运人的运输服务，以实现货物的转移。

运输服务是国际货物运输的客体，并且当事人之间的权利与义务也都是围绕这一客体展开的。境外消费、商业存在、自然人移动、跨境交付是国际服务贸易中的四种提供方式，除了跨境交付，其他三种方式提供服务的工具与途径都是国际运输服务。

（2）国际旅游服务贸易

按世界贸易组织的分类,国际旅游服务主要指跨境的旅游业和与旅游相关的服务，包括旅馆与餐馆（提供饮食服务）、旅行社和旅行社经营者服务、导游服务。这里简要介绍旅游服务和国际旅游服务贸易的概念、特点与作用。

旅游服务是指旅游业服务人员通过各种设施、设备、方法、手段、途径等，为旅游者提供能够满足其物质和精神需要的一种服务活动。并且这些服务是实现旅游活动所需要的各种产品和服务的组合。

旅游服务产品的概念和一般产品的概念不同，它是为旅游者提供的娱乐、休息、餐饮、交通等各种服务的总和，具有无形性、综合性、时间性、所有权不可转移性等特点。

国际旅游服务贸易是指一国或地区的旅游从业人员向其他国家或地区的旅游服务消费者提供旅游服务并获得报酬的活动。它既包括本国旅游者的出境旅游，即国际支出旅游（在国际收支上表现为本国旅游服务贸易的进口），又包括外国旅游者的入境旅游，即国际收入旅游（在国际收支上表现为本国旅游服务贸易的出口）。

国际旅游服务贸易既包括个人的旅游活动，也包括旅游企业的活动。因此，国际旅游服务贸易涉及的范围也十分广泛，分别包括国际空运、旅行社、旅游设施、客运、食品包装加工、餐饮供应、保险、建筑工程承包、数据处理等。依据世界贸易组织（WTO）服务贸易理事会评审认可的《国际服务贸易分类表》标准，旅游及与之紧密相关的服务具体涵盖了宾馆与饭店、旅行社及旅游经纪人服务社、导游服务及其他。另外，国际服务贸易过程中，自然人提供的服务附件也涉及旅游服务。

国际旅游服务贸易的发展受到自然资源等地理、人文方面因素的支撑和约束。对于大多数国际旅游者特别是入境旅游者来说，旅游目的地丰富多样的自然资源是最具吸引力的因素。如果没有丰富优质的自然资源作基础，一个国家的旅游服务是难以发展的。

国际旅游者到旅游目的地消费产品，等于出口方就地输出产品并获得外汇收入。这种出口不存在产品的包装、运输、存储、保险以及关税开支，也比外贸货物出口业务中有关手续费、外汇成本和结算汇率等繁杂手续要简便得多。

对外旅游服务本身就是服务出口，旅游接待国或地区向旅游者提供服务产品要消耗大量劳动力。旅游者到该国用外汇支付旅游服务费用就是服务消费或服务的进口。旅游服务接待国通过这种方式能够换取大量的外汇收入，这是无形产品的出口。

（3）国际金融服务贸易

国际金融服务贸易是一种金融服务的交易活动和交易过程，通常发生在国家与国家、地区与地区之间。在国际金融服务贸易中，其标的物就是金融服务，并且该金融服务可分广义的金融服务和狭义的金融服务。

从广义的角度来看，金融服务就是金融服务机构所从事的一切业务活动，如存贷款、证券承销等。

从狭义的角度来看，金融服务指的是金融服务机构提供的金融业务活动，该活动主要建立在手续费和佣金的基础上。狭义的金融服务主要包括国际结算、国际信托等核心业务。此外，金融服务机构还为客户提供多元化的金融服务，如利率掉期安排、现金管理和外汇风险管理。同时，它还为投资者提供国际投资组合管理、参与国际收购与兼并的咨询、外汇交易的顾问等服务。

判断活动是否是国际金融服务贸易，具体可以将以下两方面作为判断依据。一是该项金融服务活动是否跨境；二是该项金融服务交易的参与者是否只能在居民与非居民之间进行。

在国际金融服务贸易的领域中，其服务的提供者是那些希望提供或正在提供金融服务的自然人与法人，这里需要注意的点是，服务的提供者不包括公共实体。具体而言，一国的公共实体构成可划分为两大类别：一是指由一成员的政府、中央银行或货币管理当局直接构成，或是由一成员所有及控制的实体，其主要职责在于履行政府职能或服务于政府目的，但需注意，那些虽属政府所有，却在商业基础上专注于金融服务的实体，并不被纳入此范畴；二是由中央银行或货币管理当局行使职能的私人实体，在此情形下，这些私人实体同样被视为公共实体处理。综上所述，国际金融服务贸易的核心聚焦于商业性质的金融服务活动。其服务提供者主要由两大群体构成：一是金融中介机构，它们通过创造和吸引金融资产，并借助负债手段筹集所需资金；二是货币和证券市场上的直接金融服务机构，它们通过销售股票、债券等，有效促进资金在供需双方之间的直接流动。

（4）国际教育服务贸易

教育服务通常是由教育劳动者创造的非实物形态的劳动成果，教育服务旨在满足、提高和改善社会、家庭、个人的素质。

教育服务活动具有外部经济性和公共性。外部经济性是指一个经济主体的活动对社会和其他人产生了有益作用，而且这个经济主体没有从受益人那里得到任何补偿。教育服务活动的外部经济性具体表现为：提高了整个社会发展生产力的潜能，增强了国家的竞争力；对一个国家建设政治文明有着重要影响；对文化的传承和保留、传播和交流，以及文化的进化和创新有着重要的作用。教育服务活动的公共性即公共产品性，具有非竞争性和非排他性特征。非竞争性是指增加一个消费者，则边际成本等于零；非排他性是指消费者使用时不影响其他事项，如国防。同时满足以上两个条件的产品被称为纯公共产品。

国际教育服务贸易是指发生在国家（地区）与国家（地区）之间的教育服务的交易活动和交易过程。按世界贸易组织的分类，教育服务贸易包括初等教育服务、中等教育服务、高等教育服务、成人教育服务、其他教育服务等五类。根据《服务贸易总协定》的解释，国际教育服务贸易存在跨境交付、境外消费、商业存在、自然人流动这四种形式。

虽然在 WTO 成员中承诺教育服务贸易开放的国家不多，即使签订了教育服务贸易减让表的成员其承诺也有较大的差异，但逐步开放教育服务是一种国际趋势。在信息技术的发展和虚拟大学不断出现的背景下，教育服务贸易的跨境交付形式与境外消费和商业存在形式相结合，具有相当大的潜力。如美国、英国、澳大利亚等发达国家已开始通过远程教育课程、在线教育培训等方式，向其他国家提供跨境远程教育。特别是在新冠疫情全球肆虐的背景下，跨境远程教育展示出勃勃生机。尽管这一活动的收入总额（规模）较小、水平较低，但这一服务贸易模式的发展速度可能比留学生人数的增长速度更快，在人工智能时期，跨境远程教育前途无量。

（5）国际通信服务贸易

通信服务指的是与信息产品、操作、存储设备和软件功能等相关的所有服务。国际通信服务贸易的交易对象就是国际通信服务。按《服务贸易总协定》对国际服务贸易的分类，国际通信服务包括邮政服务、快件服务、电信服务、视听服务以及其他通信服务。

（6）国际商业服务贸易

国际商业服务贸易是指在商业活动中涉及的服务交换活动，包括以下 6 种服务，其中既包括个人消费的服务，也包括企业和政府消费的服务。

① 专业性（包括咨询）服务，它涉及的范围包括法律服务、工程设计服务、旅游服务、城市规划及环保服务、公共关系服务等。专业性服务中包括涉及上述服务项目的有关咨询服务活动，安装及装配工程服务。

② 计算机及相关服务，这类服务包括计算机硬件安装的咨询服务、软件开发与服务、数据处理服务、数据库服务及其他。

③ 研究与开发服务，这类服务包括自然科学、社会科学及人类学中的研究与开发服务。

④ 不动产服务，即不动产范围内的服务交换，但不包括土地的租赁服务。

⑤ 设备租赁服务，主要包括交通运输设备，如汽车、飞机、船舶和计算机、娱乐设备等的租赁服务。

⑥ 其他服务，即生物工艺学服务；翻译服务；展览管理服务；广告服务；市场研究及公众观点调查服务；管理咨询服务；与人类相关的咨询服务；技术检测及分析服务；人员的安置与提供服务；与农、林、牧、采掘业、制造业相关的服务；与能源分销相关的服务；调查与保安服务；与科技相关的服务；印刷、出版服务；摄影服务；建筑物清洁服务；包装服务；会议服务；其他服务；等等。

（7）国际建筑服务贸易

国际建筑服务贸易是指国家或者地区之间围绕建筑产品的生产以及与建筑业生产活动相关的所有的服务过程，是一种国际经济合作的方式。

国际建筑服务贸易的主要业务形式就是承包国际工程项目。国际建筑服务贸易指的是工程项目参与者在遵循国际通用的管理模式下，而进行管理的国际性建筑项目。通常该工程项目的参与者来自一个或多个国家。从我国的角度看，国际建筑服务贸易通常包括在海外参与的建筑工程项目，如勘察设计服务、建筑服务和工程监理服务等项目；有时也包括国内涉外建筑工程项目，如利用世界银行等国际金融组织贷款建设的工程项目。

国际建筑服务贸易的业务范围相当广泛，几乎涉及国民经济所有的部门，渗透于社会生产和社会生活的各个领域。国际工程项目既可以按工业项目、农业项目、商业或服务项目分类，又可以按劳动密集型项目、资金技术密集型项目分类。如公路、桥梁、民用住宅等，属于劳动密集型项目，承建时需要大量的劳务；而核电站、海底隧道、光纤通信、航天、航空、电子、海水淡化、综合性的石化项目，则属于资金技术密集型项目。

（8）国际分销服务贸易

国际分销服务贸易是指发生在国家（地区）与国家（地区）之间的分销服务的交易活动和交易过程。分销指的是在供应链中将一个产品从供应商环节到顾客环节移动或储存所采取的措施或步骤。分销发生在供应链中的每个环节，是决定企业整体是否盈利的一个关键因素，直接影响着供应链的成本，也直接影响顾客的体验。分销服务是指产品销售过程中的服务交换，企业采用适当的分销网络可以达成不同的供应链目标。

（9）国际文化服务贸易

国际文化服务贸易是指国际文化产品与服务的输入和输出的贸易方式，它是国际服务贸易的重要组成部分。国际文化服务贸易的特殊性决定了它在国际贸易中的敏感地位和重要性。国际文化服务贸易的对象既涉及文化产品又涉及文化服务，从而使之兼具国际货物贸易和国际服务贸易的特点。

（10）国际环境服务贸易

国际环境服务贸易是以环境服务为贸易对象的贸易活动。根据《服务贸易总协定》的规定，环境服务是指那些通过服务收费方式获得收入的同时对环境有益的活动，主要包括污染控制和监测、垃圾处理和净化，以及废旧治理的技术服务。按世界贸易组织的分类，环境服务主要包括排污服务、废物处理服务、卫生和类似服务以及其他环境服务。环境服务业发展水平是反映环保产业成熟度的重要标志，发展环境服务贸易受到各国特别是发达国家的高度重视，它已经成为新的经济增长点和占领全球新一轮经济发展制高点的重要手段。

（11）国际健康服务贸易

主要是指医疗服务、其他与人类健康相关的服务、社会服务等，健康服务贸易是基于健康服务业发展起来的。

（12）其他服务贸易

主要指其他官方国际服务。

（二）国际服务贸易的特征

1. 国际服务贸易中大多数服务具有无形性

人们要想亲眼看见服务出口或进口是相当困难的。因为服务的物质及组成服务的元素，在很多情况下是无形的。随着科学技术的发展，虽然有相当一部分服务可以借助现代科技表现出来，但是我们很难亲眼看见服务出口或进口，比如一个人出国讲学、出国演出、提供咨询服务等。如果不做广泛调查，边境人员就无法知晓无形服务的出口或进口情况。

另外，我们在认识服务的无形性时，一定要区分服务本身和服务加以表现的形式。比如，厨师的烹调行为是服务，但是厨师使用的原料并不是服务，而是服务所借助的物质，烹调出来的菜也不是服务，而是服务的成果。服务正是通过这种成果表现出来的。

2. 国际服务贸易中部分服务具有生产和消费的同时性

一般来说，由于部分服务贸易交易的对象是服务，它是无法进行储存的。并且服务的生产过程通常会伴随着消费过程同时出现，在服务的生产过程中就完成了服务消费。需要注意的是，服务贸易交易通常会要求服务的提供者要以某种形式与服务的使用者进行接触。如果没有消费者接受服务，则原则上服务就不会发生。比如歌手开演唱会，随着演唱会结束，服务也提供完毕，而作为服务消费者的听众消费也就完毕。因而服务的使用价值必须要依赖于服务的提供者与服务的消费者，并且也无法长期固定在某一货物中。虽然会出现一些服务或服务活动可以与生产者、消费者相脱离，或能存在于某一货物中的情况，但服务贸易的不可储存性仍然存在。

3. 国际服务贸易交易标的物的多样化

与货物贸易相比较，国际服务贸易交易的标的物更为多样，并且也无法以实体的形式出现。例如在许多服务贸易交易中，常会有运输服务、金融服务、旅游服务、保险服务等，这些服务贸易的标的物既不是飞机、汽车、火车，也不是旅游景点。因此，国际服务贸易交易的标的物具有多样性和无形性的特点。

4. 国际服务贸易服务质量的差别性

在国际货物贸易中，货物的品质及其带给消费者的使用体验，在多数情况下是具有一致性的。例如在不包括假冒伪劣产品的情况下，同一家品牌的家电产品或汽车，在品质与消费效果上往往能达到相对统一的标准。然而，当我们将视角转向服务领域时，可以发现，同一种服务，其质量和最终带来的消费体验，往往存在显著的差异。这种差异性的根源，可以归结为供给与需求两个层面。首先，从服务提供者的角度来看，服务提供者的技术熟练程度、专业素养及服务态度，均是决定服务质量的关键因素。这些要素不仅因个人能力的不同而有所差异，还可能随着时间、地点及工作环境的变化而波动，从而导致了服务质量的参差不齐。其次，从服务消费者的角度来看，不同的服务消费者对于服务的需求也是多样的，而这也是造成服务质量差异的重要因素。

5. 国际服务贸易涉及法律的复杂性

与货物贸易相比，国际服务贸易涉及的法律更为复杂，不仅涉及国内法律，还涉及国外法律和国际法。而货物贸易涉及的法律只有买卖法、合同法、国际货物销售合同公约等。在国际服务贸易中，以技术贸易合同为例，它不仅需要遵循货物买卖法与合同法的基本原则，还必须接受一系列专项法律的严格监管，包括但不限于工业产权法、专利法、商标法、反托拉斯法、公平贸易法、高技术出口管制法等。国际服务贸易主要是依据国内法和国际法进行管理，并且其管理对象主要是服务提供者，管理内容主要包括市场准入条件的设定、外国投资的监管等。

6. 国际服务贸易标的物的使用权和所有权呈现复杂性

在国际服务贸易的交易过程中，其标的物的使用权和所有权是较为复杂的。这与货物贸易是不同的，货物贸易的交易一旦达成，伴随着商品实体的交换，货物的使用权与所有权便即刻、完整地由卖方转移至买方，卖方自此失去对该货物的所有权和使用权。相比之下，国际服务贸易的核心特点在于，服务的提供者与消费者之间，往往并非简单地实现标的物所有权与使用权的同步转移。相反，多数情况下，二者处于分离状态。以技术贸易为例，技术许可方（即服务出口方）在遵循特定条款与条件的基础上，仅将技术的使用权授予技术接受方（服务进口方），而技术本身的所有权仍保留在许可方手中，这种交易模式凸显了服务贸易中所有权与使用权的独特分离机制。知识产权的交易同样遵循这一原则，凸显了服务贸易的特有属性。服务贸易标的物存在无形性的特征，如在旅游过程中，旅客作为服务消费者，所享受的是一系列围绕旅游体验展开的多元化服务。这些服务的消费即时发生，并在消费过程中直接满足旅客的服务需求。然而，与此类有形商品交易不同的是，我们难以通过明确的物质媒介来界定或证明旅客在服务消费过程中究竟获得了何种具体的"使用权"或"所有权"，因为旅游服务的本质在于过程体验与即时满足，而非物权的直接交换。

二、国际服务贸易迅猛发展的原因

（一）科学技术的进步

科技的快速发展与进步，不仅实现了信息的瞬时传递，还促成了服务模式的深刻变革，使原本面对面的服务（如金融咨询、医疗诊断、教育指导等）能够以远程信息传递技术的方式，实现远距离的服务提供，极大地提升了服务行业的"可贸易性"。此外，科技的进步也显著拓宽了传统服务贸易的范畴，催生了一系列新型的服务贸易项目，这些创新不仅丰富了服务贸易的多样性，也促进了全球服务贸易的繁荣。更为重要的是，科技的进步极大地解放了劳动力，使大量人力从传统劳动中释放出来。与此同时，随着教育普及与自我提升机会的增多，这些劳动力的整体素质也得到了显著提升，为国际服务贸易的持续深化与发展注入了宝贵的人力资源动力。

（二）跨国公司的迅速发展

20 世纪 60 年代以后，跨国公司特别是服务业跨国公司迅速扩张，成为国际服务贸易的主体。跨国公司集货物贸易、服务贸易，对外直接投资于一身，在全球各地从事经营活动。跨国公司除了实行多样化、内部化、网络化经营，还通过制订所有权策略、产品策略、价格策略及研发策略在全球投资，实行生产和销售的专业化。

（三）商品贸易的发展促进了服务贸易的发展

第二次世界大战后世界贸易的迅速增长以及贸易自由化的推进大大促进了一些传统辅助性服务贸易，如运输、保险和银行业的发展。另外，制造业的国际转移为国际服务贸易发展起到了拉动作用。商品生产国际化和国际货物贸易的发展使为之提供服务的金融、保险、邮电、通信、海空运输、国际租赁、咨询、广告和支付等行业崛起和迅速发展起来。反过来，服务贸易的发展又能为生产企业融通资金，从而不仅实现了生产技术和产品质量的改进和提高，同时也为信息与商品的流通提供了便利，促进了企业生产的国际化。

三、当代国际服务贸易的发展趋势

国际服务贸易是伴随着资本主义生产方式的出现而产生的，并且随着资本主义商品经济的不断发展而发展。

（一）国际服务贸易总量持续快速增长

2023 年，我国服务贸易稳中有增，规模创历史新高，全年服务进出口总额 65 754.3 亿元，国际服务贸易的规模与国际商品贸易的规模共同增长，近年来，国际服务贸易的增长高于国际商品贸易的增长。

（二）国际服务贸易结构加速调整升级

在全球科技产业化的持续推进下，一系列新兴服务领域逐渐崭露头角，促使服务贸易的整体结构发生了巨大改变。具体表现为服务贸易结构从传统的依赖自然资源或劳动密集型服务模式，向更加侧重于知识密集型、技术密集型及资本密集型的现代服务贸易模式转变。近年来，特别值得注意的是，相较于传统项目的服务贸易，国际金融、保险、通信服务、技术服务、广告以及咨询服务等领域的服务贸易增长速度更快。

（三）国际服务贸易在地区间发展不平衡

当前，在国际服务贸易中，贸易额占前 20 的国家主要是发达国家，可见发达国家仍然在国际服务贸易中占据主导地位，且对发展中国家存在高额的服务贸易顺差。随着全球经济与技术的日新月异，国际服务贸易市场正经历深刻变革，具体表现为服务贸易输入国的数量激增，促使对国际劳务合作的需求和范围急剧扩张。在此背景下，发展中国家服务贸易出口展现出强劲的增长势头，在国际服务贸易舞台上的份额持续提升。尤为值得关注的是，在发展中国家群体中，亚洲特别是东亚地区在服务贸易领域的发展成效显著，其在海上运输、旅游业以及劳务输出等方面也有着显著的成就。

（四）服务贸易自由化与贸易壁垒并存

自 20 世纪 80 年代起，全球经济蓬勃发展，主要发达国家的服务业也在快速发展，其国内服务市场逐渐趋于饱和状态。服务业的对外贸易能够很好解决这一问题，它不仅能够弥补国际收支、平衡外汇，同时还能提供大量的就业岗位。因此以美国为代表的发达国家积极倡导并推动全球服务贸易自由化进程。然而，这一趋势也伴随着挑战与争议。服务业中的金融、保险、通信及航空运输等关键领域因其高度的敏感性和战略价值，直接关系到服务贸易输入国的国家主权与经济安全。因此，这些领域的开放往往会对国家经济安全造成潜在威胁。为应对此局面，国际竞争力相对较弱、国内部分服务产业尚显脆弱的国家，在实施贸易自由化这一措施时，会施加诸多限制，进而保护本国服务市场。

第三章

国际贸易专业人才培养理论

本章为国际贸易专业人才培养理论，主要内容包括国际贸易专业的人才培养目标、国际贸易专业的人才素质要求以及国际贸易专业的人才培养教学。

第一节　国际贸易专业的人才培养目标

一、国际贸易专业人才培养目标的定位

专业人才的培养策略应根植于地方实际，紧密对接行业需求，积极回应地方经济建设与社会发展的迫切需要，为经营管理一线输送兼具实践能力与创新精神的高素质人才。人才培养目标的设定需凸显以下三方面特征。

（一）体现为地方经济建设服务的特点

多数本科院校的设立初衷是满足地方政府促进区域经济发展的战略需求，其专业设置与人才培养路径应深刻体现地方特色，确立清晰的区域服务导向，致力于全方位支持地方发展的各项事业。鉴于当前各地区对外贸易的蓬勃态势及各区域独特的产业与出口优势，国际贸易专业人才的培养应紧密追踪地方经济动态，专注于培育既精通国际贸易专业知识，又深刻理解地方产业特性的复合型人才，以促进地方涉外经济的繁荣。

（二）体现为行业服务的特点

基于社会行业需求的视角，我国涉外经济活动可分为国际贸易、国际投资及国际合作三大核心领域。因此，国际贸易专业的人才培养方案需确保毕业生能够在这些领域内的不同行业中灵活就业，同时，需确保所培养的人才能够精准对接行业实际需求，实现知识与技能的精准匹配。

（三）体现以能力培养为重点

在设定培养目标时，必须将提升学生快速适应经营管理一线工作的能力置于首位，着重强化其实践操作与环境适应的综合素质。具体而言，国际贸易专业人才的能力应涵盖：（1）卓越的学习与批判性思维能力，能够敏锐地识别问题并有效解决；（2）国际交流与跨文化沟通的能力，以打破文化界限进行有效合作；（3）信息处理与电子商务技能，以适应数字化时代的商务需求。这些能力的培养，能够确保国际贸易专业人才在快速变化的全球商业环境中保持竞争力。

二、国际贸易专业人才培养目标的规范

（一）培养目标

国际贸易专业旨在培育具备高尚道德情操的专业人才，这些人才可以自觉践行职业道德准则与法律法规，深刻理解马克思主义经济学精髓及现代西方经济学理论，不仅精通世界贸易组织规则与各国经济贸易法规及操作流程，还能洞察当代国际经济格局与贸易动态的深层逻辑与发展趋势。在语言能力方面，国际贸易专业的学生需精通至少一门国际通用外语，从而能够无障碍地参与全球商务交流。同时，他们还应熟练掌握信息通信技术，为处理跨国事务与经济合作提供坚实的技术支撑。本专业强调学生知识面的广度与深度并重，鼓励学生广泛涉猎人文社会科学领域，通过系统化的学习与实践，培养学生卓越的沟通、应变与协调能力，激发学生的创新精神和创业潜能，使之成为符合经济全球化、信息化、现代化进程需要的复合型人才。

（二）培养要求

国际贸易专业的学生将系统学习该领域的基础理论与核心知识，并通过实战模拟与案例分析，深化对国际贸易实务操作的理解。在学业结束时，学生应具备以下几项关键能力：

（1）扎实的理论功底与实务操作能力：学生需全面掌握国际贸易的基本理论，能熟练运用分析工具解决现实问题。

（2）良好的数据分析能力：熟练掌握统计学与计量经济学方法，对国际贸易中的复杂现象进行精准剖析，为决策提供科学依据。

（3）较强的政策法规敏感度：深入了解本国及主要贸易伙伴的贸易政策法规与发展趋势，确保业务操作合规高效。

（4）敏锐的行业洞察力：紧跟国际贸易理论前沿，把握行业动态，为职业发展奠定坚实基础。

（5）跨文化交流能力：具备出色的外语沟通能力与跨文化交流技巧，能够有效促进国际合作与商务往来。

（6）信息技术与工具应用能力：熟练运用计算机及信息技术手段，提升工作效率与数据管理能力。

（7）批判性思维与创新能力：在面对复杂多变的经济环境时，能够独立思考，勇于创新，提出独到见解与解决方案。

三、国际贸易专业人才培养规格

基于上述培养目标，国际贸易专业人才的培养规格可概括为"一德""二素质""三基""四能""五证"。

"一德"强调的是培养具备从事国际商务活动所必需的职业道德。国际贸易专业的职业道德教育，旨在使学生深刻理解并内化国际商务领域的道德准则，塑造出符合国际商务职业要求的道德心理、情操、修养与品质。要求学生在未来的职业生涯中，能够严格遵守国际贸易行业的规章制度与道德规范，秉持诚信原则，积极履行职业义务，承担职业责任。

"二素质"是指学生需兼备国际商务活动所需的从业素质与创业素质。两者均要求学生具备全面发展的综合素质，并注重国际贸易专业知识深度。其中，创业素质更侧重于培养学生的风险承受能力、抗风险策略、业务管理效能及市场洞察力，以满足学生未来在国际商务领域创业或拓展业务的需要。因此，国际贸易专业培养需兼顾这两方面，确保学生既能胜任国际商务岗位工作，也具备自主创业的能力。

"三基"指的是国际贸易从业者所必需的基础理论、实务操作知识及政策法规。基础理论涵盖经济学、贸易学、高等数学、计算机与外语能力等；基础实务操作知识涵盖了国际商务谈判、合同订立、检验检疫、通关流程、物流运输、外汇结算等技能；基础政策法规方面，要求学生熟悉主要国际经贸规则、WTO 框架下的各项规定、国际公约与惯例等。

"四能"要求着重培养学生的实践能力、综合能力、创新能力及国际市场驾驭能力。实践能力强调学生将理论知识转化为实际操作技能的能力，以适应外贸业务岗位的具体需求，涵盖语言沟通能力、计算机应用技术、人际交往能力、信息处理能力；同时还涉及经济分析、金融管理、财务管理等关联领域的能力，以及对国际贸易实务全链条、多层面的专项技能掌握。

综合能力要求个体具备独立思考、深刻分析及有效解决实际国际商务问题的能力。这种能力不局限于单一技能或知识的运用，而是将国际贸易专业领域内广泛的知识体系与技能储备巧妙融合，共同作用于问题解决的全过程。它是国际贸易领域高级应用型人才不可或缺的关键素养。

创新能力指在外贸实践中不断探索与突破的能力，具体表现为对国际商务运作模式、操作方法、谈判策略、营销策略、经营策略及市场拓展等方面的创造性改良与革新。这不仅是实践能力的高级阶段，更是推动国际贸易持续发展的重要动力。实践创新的价值不亚于理论研究的突破，甚至在某些情境下，可以直接影响个人职业发展、企业竞争力提升及国家经济安全。

国际市场驾驭能力要求个体能够高效地收集、分析并有效利用各类市场信息，具备敏锐的洞察力以预测市场趋势，具备审时度势、灵活应变的能力，以独特视角和策略在国际市场中占据先机。这一能力无法单纯通过课堂学习获得，而是需要在学习过程中不断积累知识，并在贸易实践中不断试错、反思与总结。

对国际贸易人才的培养不应仅仅局限于基础实践技能的教学，更应注重综合能力、创新能力及国际市场驾驭能力的全面培养。这不仅能够使受教育者更好地适应外贸业务的基本需求，更将决定他们在国际贸易行业内所能达到的高度。这四种能力共同构筑起国际贸易专业的综合能力体系，促进了国际贸易专业人才综合素质的全面提升。

"五证"分别为：国家英语水平等级（CET-6）证书，确保学生在国际贸易交流中能够突破语言障碍；国家计算机水平等级（二级）证书，是信息化时代对国际贸易从业者信息技术应用能力的基本要求；国际商务职业资格证，标志着持有人具备从事国际商务活动的专业资质与实践能力；本科学历证书与学士学位证书，是对学生系统学习国际贸易理论知识、完成高等教育阶段学业的基本认可。

第二节 国际贸易专业的人才素质要求

一、素质与素质教育

教育的深化对于个体素质的提升起着不可替代的作用。素质与素质教育之间存在着紧密的联系，每一种素质类型均对应着特定的素质教育模式。要精准把握"素质教育"的核心理念，首要前提是明确对于"素质"的界定。素质这一概念可从广义与狭义两个维度进行探讨，而素质教育语境下所指的素质倾向于广义范畴，即指在个体的先天与后天生理基础之上，经由外部环境和教育体系的影响，使个体将人类社会在物质文明与精神文明方面的成就内化，进而形成稳固的生理与心理特性，涵盖身体素质、智能素质及品德素质三大核心维度。值得注意的是，素质的内涵随着时代变迁而展现出鲜明的时代特征，不同历史时期对素质培养的具体要求各异。在农业社会，教育聚焦于知识经验的直接传承；步入工业社会后，教育转向侧重能力素质的培养；而在信息社会，教育则更加侧重于促进人的全面发展与综合素质的提升。

"素质教育"的提出是时代变迁的必然产物，它标志着对传统应试教育模式的深刻反思与挑战。该理念以全面提升国民素质为根本目标，旨在通过综合提升国民思想品德、科学文化、身心健康及劳动技能等多方面的素质，同时强化能力培养与个性发展，从而实现教育更高层次、更高水平与更高质量的发展。素质教育不仅关注科学文化知识与技能的传授，更将重心置于促进个体的综合能力与整体素质的全面提升上，是符合教育发展规律与时代需求的先进教育理念。

二、素质教育的目标要求

（一）培养创造思维能力

思维方式映射了个体对宇宙万物的理解程度与认知边界，是人类精神风貌与科技素养的集中展现。思维方式的演进与革新，以及思维能力的跃升，构成了孕育杰出人才的基石。创造性思维能力是现代社会发展的强劲驱动力，是新兴生产力的源泉，这一说法在全球范围内获得了广泛认同与高度重视。多国纷纷创设思维科学课程，致力于激发学生的创新思维潜能，为培养未来社会的创新型人才奠定坚实基础。素质教育的精髓在于鼓励创新与创造，旨在培育一群追求新知、秉持实事求是态度、善于独立思考、敢于开拓创新的创新型人才。

（二）培养勇于竞争和广泛合作的能力

在全球经济一体化浪潮的推动下，以合作促发展，以竞争强实力已成为不可逆转的时代潮流。展望未来，人才投身于多元领域，在参与多层次、多样化的交流与合作的同时，也不可避免地加入更为激烈的竞争之中。因此，强化竞争意识，提升合作能力，并灵活掌握竞争与合作之间的平衡，成为我国素质教育体系中不可或缺的关键要素，旨在为社会培养出既能在竞争中脱颖而出，又能在合作中共创辉煌的复合型人才。

（三）以人为本，注重人的全面发展

全面发展不仅是个人成长的内在需求，也是应对日益复杂的社会变迁的必然要求。人的全面发展是一个永无止境的过程，素质教育的目的就是逐步趋近并实现人的全面发展。素质教育的核心在于构建科学合理的知识结构，提升学生的人文素养，使他们能够深刻理解生活的真谛，融入现代社会之中

并作出贡献。为此，素质教育需将全面的知识熏陶作为基础战略，致力于促进知识的融合与互补，教育策略需围绕学生的个性化特征与发展需求，以人文精神为纽带，融合自然科学与人文科学的知识精髓，促进学生综合素养的提升。

（四）注重培养受教育者的个性和可持续发展性

素质教育强调创新能力的培育，而个体个性的展现深刻影响着创新力的发展。个性发展是学生最优的发展方式，它并不意味着忽视共性教育与统一标准的重要性，教育学原理深刻揭示了人的全面发展是共性与个性的和谐统一。因此，素质教育积极倡导并实践学生个性化发展的教育理念。20 世纪 70 年代，终身教育理念深入人心，教育从阶段性学习扩展为终身发展。素质教育紧密契合这一时代潮流，不仅注重学生书本知识的积累，更侧重于培养学生在现实生活中的适应与创新能力；不仅关注学生知识的接收，更致力于塑造学生独立自主、勇于创新的性格特质。此外，素质教育还着眼于学生的长远发展，不仅关心他们当前的学习内容，更引导他们掌握高效的学习方法，为未来持续学习与发展奠定坚实基础。

三、国际贸易专业人才素质的含义

国际贸易专业人才的素养，是指经过全日制大学四年系统学习并顺利毕业的国际贸易专业学生所应掌握的知识体系、实操技能以及综合素养的总和，可分为四个方面：思想品德素养、基础能力素养、专业能力素养以及创新能力素养。社会对国际贸易专业人才综合素质的认可，构成了评估该群体综合素质水平的标尺。

国际贸易专业人才综合素养的核心，源自对涉足国际贸易或与之紧密相关的涉外企事业单位的广泛而深入的长期调研，深入了解用人单位对于国际贸易从业人员在知识结构、实践操作技能及综合素质方面的具体需求。在此基础上，结合国际贸易专业人才培养战略与规划，通过系统地的结、归纳与提炼，最终形成了这一体系，映射了当前社会对国际贸易专业人才在综合素质方面的全新要求与期望，确保了人才培养的针对性与实效性。

依据国际贸易专业人才培养目标和素质培养规律，我们把本专业人才素质划分为思想品德素质、基础能力素质、专业技能素质和创新能力素质四个层次，具体素质构成及内涵如表 3-2-1 所示。

表 3-2-1　国际贸易专业人才素质构成表

层次	构成	内涵
思想品德素质	人生观、价值观	自尊、自重、自立、自强，展现出奋发有为、积极向上的精神风貌，勇于探索未知领域，不断开拓创新，强调团结互助、主动合作
	道德修养	具有强烈的历史使命感和社会责任感，秉持真诚、诚信的原则，吃苦耐劳，乐于奉献，爱岗敬业，脚踏实地，能够有效处理个人与社会、集体及他人之间的关系
	个性、人格	具备健全的人格特质，包括谦虚友善的性格、积极的情感态度以及坚强的意志力
基础能力素质	外语熟练程度	熟练掌握至少一门外语，在基础与专业领域均能实现高水平的听、说、读、写、译，能够有效参与国际经贸交流
	计算机应用操作	精通计算机应用与网络技术，能够高效运用这些工具支持对外经贸工作
	数理、统计学掌握程度	具备扎实的数学、统计学基础，能够运用计量与统计方法进行业务分析与研究
	人文、自然科学掌握程度	广泛涉猎政治、历史、文化及自然科学等多领域知识，拓宽视野，提升综合素质
	文献检索、资料查询能力	掌握文献检索与资料查询技能，具备独立调研、综合分析及科研能力，能够针对实际问题进行深入研究并提出创新解决方案
	身心健康状况	无重大疾病隐患，具备良好的心理素质，能够灵活应对工作中的各种挑战
专业能力素质	经贸理论掌握程度	精通经贸基本理论，能灵活运用理论知识分析解决实际问题
	经济政策与法规掌握程度	熟悉国内外经贸政策与法规，为实际工作提供法律与政策指导
	经贸实务掌握程度	具备扎实的进出口模拟软件应用能力，能够熟练进行经贸实际流程操作，拥有丰富的实习经验
	经济管理掌握程度	了解并掌握经营管理的相关知识与技能，初步具备经贸管理经验，为未来在更高层次的管理岗位上发挥作用打下坚实基础
创新能力素质	职业适应能力	能够将所学的国际贸易知识灵活贯通、运用自如，展现出对职业的深刻理解与高度自信，能够迅速适应并驾驭各种工作角色
	业务拓展能力	拥有敏锐的市场洞察力，能够精准捕捉市场动向与机遇，具备出色的商业交际技巧，有效构建与维护合作伙伴关系，推动业务持续发展，具有坚韧不拔的职业精神以及快速应变与理性分析能力，确保决策的科学性与有效性
	知识更新能力	善于根据业务发展的实际需求，主动汲取新知识，不断优化知识结构，提升个人综合素质，能够在工作中发现规律，具备举一反三的能力
	组织协调能力	擅长进行信息交流，促进团队内部及跨部门的资源共享，实现资源优化配置与高效利用，能够激发团队潜能，引领团队成员协同作战，共同面对挑战，达成业务目标

第三节　国际贸易专业的人才培养教学

一、国际贸易专业人才培养教学安排

国际贸易专业的教学安排必须紧密结合专业培养目标和培养要求，结合社会对人才的需求及变化趋势。在培养国际贸易专业人才的过程中，高校应使学生具备高尚的思想品德，恪守职业道德与法律法规，掌握马克思主义经济学与现代西方经济学理论，理解国际贸易运作机制与发展趋势，熟悉国际贸易流程及其法律与惯例，精准把握当代国际经济与贸易的动态变化。语言方面，学生需精通至少一门国际通用语言，以有效参与国际交流与合作。现代信息技术能力同样不可或缺，它能够使学生高效处理日常事务及涉外经济工作，提升工作效率与竞争力。高校还应鼓励学生广泛涉猎人文社会科学领域，以拓宽视野，增强综合素养。特别要指出的是，对于具有专业特色的院校，其国际贸易专业的学生还应具备相关专业领域的知识和素养，以便在相关专业领域更好地发挥作用。如医药类高校的国际贸易专业可强化学生医学和药学类基本专业素质的培养，在教学安排上充分体现其专业特色和人才培养特色，打造复合型人才，提升人才培养的竞争力。

根据课程目的和性质，国际贸易专业的课程模块一般可包括通识课模块、专业基础课模块、专业课模块、实践教学模块。课程模块化的设计有助于提高本专业学生的就业竞争力、职业能力以及综合能力。各模块包含课程以及教学安排如下。

（一）通识课模块

通识课也称公共课，包括通识教育必修课模块和通识教育选修课模块。设立通识课模块的目的是使学生通过对这些通识教育课程的学习和训练形成基础能力素质，为后续课程的学习打下坚实基础。通识教育作为教育体系中的重要组成部分，旨在提供广泛、非专业且非功利性的基础知识与技能，促进学生全面发展，它与素质教育有着一脉相承的内在联系。通识课程面对全校各专业开设，学时数占到总学时数的30%～40%。

通识教育必修课模块通常包括思想道德修养与法律基础、马克思主义基本原理、毛泽东思想和中国特色社会主义理论体系概论、中国近现代史、当代世界政治与经济、军事理论、体育、大学英语、计算机基础等。这是各专业都要开设的课程，通常安排在第一学年和第二学年的第一学期授课。

通识教育选修课模块主要是面向全校学生开设的跨学科课程，通常包括自然科学技术类、人文社会科学类、文化素质类通识课程和任意选修课等，可分为限选课和任选课两类。要注意的是，通识教育选修课可不依赖其他模块课程，与其他模块课程同时选修，这些模块的开设不必考虑先后顺序，学生可根据自身学习计划在四年里任意选修。另外，某些通识限选课和通识任选课会以一些专业基础课为基础，学生在自行选修和安排课程时需明确各门课程之间的逻辑关联，先修基础课再选通识课。通识限选课可根据需要及先修课程时间在第一学年到第四学年开设。

（二）专业基础课模块

专业基础课也属于通识教育课程，与国际贸易专业的专业理论、技能和实践紧密联系。通过这些课程的学习，国际贸易专业的学生可以把握专业基本知识，掌握专业基础能力，从而为更深入的专业性课程学习打下扎实基础。专业基础课是专业必修课的基础和先修课程，一般先于专业必修课和专业限选课之前开设。专业基础课课程学时数占总学时数的 30%～40%，通常安排在第二学年和第三学年学习。

专业基础课程一般不涉及具体的实际操作与应用，但具有一定的理论深度。该类课程的特点是覆盖面较宽，又具备一定的知识广度，与其他经济学类专业共享同一个学科基础课程平台。该模块通常包括工具类课程、经济学原理类课程和经济运行与管理类课程。工具类课程涵盖经济数学、会计学、统计学及计量经济学等；经济学原理类课程涵盖微观经济学、宏观经济学、政治经济学及国际经济学等；经济运行与管理类课程包括货币银行学、财政与税收、管理学、金融学和合同法等课程。

专业基础课也可分为必修课和选修课。必修课是学生获得某一专业知识必须修读的课程，必须达到一定学分要求才可毕业。比如政治经济学、微观经济学、宏观经济学、会计学、统计学、财政学、金融学、计量经济学、国际经济学、管理学等课程构成了经济学类各专业不可被替代的共同主干，是经济学类各专业的核心课程，这些课程共同奠定了宽厚的经济学知识基础，因此一般都为必修课。选修课程的设置体现了对学生个性化发展的尊重，允许学生根据个人兴趣与职业规划自由选择，旨在深化学生专业知识、拓展兴趣领域、增强就业竞争力，通过传授科学方法，激发学生的探索精神与创新潜能。

（三）专业课模块

专业课模块主要培养国际贸易专业学生的专业基本理论和专业技能素养。一般来说，国际贸易专业学生的专业能力和专长主要来自他们所学习的专业课程。学生通过学习，掌握了专业课程，才有可能胜任与国际贸易专业相关的技术工作。专业课学习集中在大二到大四阶段，通过系统的教学与训练，学生将具备扎实的专业理论基础与实操技能，为创新能力的培育奠定坚实基础。这一过程不仅强化了学生的职业适应能力，还促进了学生综合素质的全面提升。

专业课模块主要包括专业必修课模块和专业选修课模块两大模块。专业必修课和专业选修课之间并无必然的前后关系，两者可交叉开设。课程学时数一般占到总学时数的 20%~30%，通常安排在第三学年和第四学年学习。

专业必修课模块通常包括国际贸易理论、国际金融、国际经济法、市场调查与预测、国际贸易实务（进出口单证与报关实务）、国际货物运输与保险、国际商务谈判、外贸函电、国际结算等。

专业限选课模块通常包括世界市场行情、国际服务贸易、国际技术贸易、国际经济统计、国际税收、国际金融实务、证券市场与证券投资、保险学、国际市场营销、国际工商管理、人力资源管理、经济学说史、新制度经济学、当代西方经济学流派、发展经济学、电子商务、高级英语专业文章选读、经贸专题讲座等。

（四）实践教学模块

实践教学模块通过设置实践环节的学习和训练，强化学生的专业意识、感性知识和业务经验，培养广大学生的创新意识，激发学生积极性和主动性，使学生的理论学习有付诸实践的机会，进而提升其职业适应力与创新能力，全方位促进国际贸易专业人才的综合素养发展。这一过程贯穿于大学一至四年级，紧密结合专业基础理论学习与专业技能训练，教学方法独特，教学环节自成体系。实践教学环节学时数一般不超过总学时数的 10%。

实践教学模块涵盖了多元化的实践活动，包括军事训练、社会调查、专业实习与毕业实习、学年论文与毕业论文的撰写等，为学生未来的职业生涯奠定了坚实的基础。其中，专业实习与毕业实习是国际贸易专业十分重要的实践教学环节，通过这两种实习，学生可熟悉国际贸易业务涉及的相关企业和机构，了解相关组织结构及其职能，掌握国际货物买卖业务流程、国际贸易合同履行及其单证使用、合同争议的解决与法律适用，增强从事国际贸易业务的实践操作和专业技能，为将来实际从事国际贸易管理与业务工作打好基础。毕业论文则是培养学生综合运用本学科专业知识和技能，提高分析和解决实际问题能力的重要教学环节。毕业论文作为毕业生独立完成的一篇有一定学术价值的论文，是学生完成本科学业的标志性作业以及从事科学研究的初步尝试，是对学生学习成果的综合性总结和检阅，也是检验学生掌握知识程度、分析问题和解决问题基本能力的一份综合考卷。

二、国际贸易专业人才培养教学环节

（一）理论教学环节

理论课以课堂授课为主，理论课教师通过课堂讨论、授课中间的提问、作业等教学形式，辅以案例教学，激发学生学习兴趣，提高教学效果。在授课中，结合各类课程教学安排的特点，教师应在传统教学手段基础上，不断创新教学方法。

1. 课堂讲授

在众多教学方法中课堂讲授法是最基本的教学方法，具有不可替代的优势。课堂讲授的核心在于教师运用口语向学生传递信息、思维、知识及观念，并引导学生参与智力与操作活动，如情境描绘、事实叙述、观念剖析、原理与规律阐释等。课堂讲授法适用于为学生构建新知识学习的框架，帮助他们攻克学习难题，强调基础原理、概念与定义的重要性，区分易混淆的知识点，以及系统归纳和总结学习成果。其表现形式丰富多样，包括讲述、讲解及讲演等，有效发挥了教师在班级教学中的主导作用，促进了系统性知识与技能的传授。然而，课堂讲授法还存在着学生体验不足、学生积极性与主动性激发受限等问题。教师在讲授时，大都面向全体学生，很难顾及学生个体差异，做到因材施教。

随着科技发展，投影仪、多媒体教学设备和网络设备等现代教学手段不断更新，为了提高教学效果，教师应不断探索新教学手段在课堂教学中的应用，学校教务部门也应鼓励教师运用多媒体技术来辅助教学。

目前，在传统课堂讲授领域，多媒体技术已得到广泛应用。教师可以在教学过程中综合应用投影、视频、图片和动画等现代教学媒体进行课堂讲授。通过这些现代化教育技术手段的应用，一些抽象难懂和复杂晦涩的知识变得直观易懂、生动形象，大幅提升了教学效果，培养了学生理论联系实际的能力。同时教师可以节约板书时间，增加课堂教学信息量，使讲课内容更加充实生动，以激发学生学习兴趣。以国际贸易实务课程为例，教师可借助多种教学媒体，将复杂的实务操作流程、支付方式使用流程等固定的知识点用形象生动、简洁明了的图形和动画等形式表示出来，帮助学生更好地理解、记忆和掌握。

2. 讨论式教学

讨论式教学法在国内外较为盛行，在教学法体系中占有重要的地位，是国际贸易专业课堂讲授的有益补充。讨论式教学是一种注重互动的教学模式，要求教师围绕特定教学目标，通过预设的问题与资料，鼓励学生主动表达见解，旨在培养学生的批判性思维与创新精神。讨论式教学流程通常包括问题设计、资料提供、思维启发与结论提炼等环节。

讨论式教学实现了教师与学生角色的深刻转变：教师由传统的知识灌输者转变为教学互动的引导者与促进者，而学生则由被动接受者转变为积极的学习主体。在此模式下，学生的学习呈现出"问题导向—深入思考—主动探索—寻求解答"的过程，这不仅促进了知识的深度理解，还激发了学生自主学习、合作探究的热情。讨论式教学鼓励学生从不同视角审视问题，通过讨论交流，加深对基本概念与规律的理解，营造多元化的思考氛围。这种外部刺激的增强，进一步促进了学生自主性、探索性和协作性学习能力的提升，显著提高了课堂参与度与学习效果。讨论式教学深刻践行了"教师主导，学生主体"的教育理念，为现代教学模式注入了新的活力与可能。例如，在讲授统计学的统计调查时，教师可以根据所讲授知识，让学生实际参与并设计与自身密切关联的某个社会经济现象的调查问卷，通过分组讨论确定调查项目，设计调查表，开展调查分析，完成调查报告，并在课堂上进行讨论，最终达到使学生扎实掌握统计调查相关理论知识和实践技能的教学目的。

3. 互动式教学

国际贸易专业的学生必须具备较好的观察和分析社会经济现象的能力。因此在教学中，教师需要从学生的实际能力出发，采用各种有效方法，引导学生发现问题、解决问题，采用师生互动、同学互动等方式鼓励学生主动探究、创新实践，从而激发学生学习积极性和创造性，提高教学效果。

具体操作包括：（1）教师课前针对教学目的、教学难点和重点，提炼互动问题或精选互动学习案例；（2）教师在教学过程中逐步提出问题或演示解说案例，学生根据要求相互争论，也可与老师沟通交流讨论，互动讨论中要设置悬念，引导学生抓住重点深入分析；（3）在师生共同努力下将讨论结果上升为理论知识。为提高互动式教学方法的教学效果，也提倡教师把现有定论和解决问题的经验方法提供给学生，让学生根据自身知识结构指出优劣，并提出改进方案。教师也可对学生进行分组，设置正反两方，让学生在争论中寻找最优答案。互动式教学总体上直观具体，生动形象，环环相扣，气氛活跃，能达到强化所学内容，开阔学生思路以及培养其专业创造性的目的。

4. 案例式教学

案例教学起源于"哈佛大学"的情景案例教学课，是国际贸易专业常用并且备受欢迎的教学方法。案例式教学可以通过具体情境，将隐性知识显性化，促进隐性知识向显性知识不断转化。案例教学是通过巧妙设问，适时引入实际案例，以问题为引导，使学生在分析、讨论案例的过程中，深化对理论知识的理解与应用，随后由教师进行精炼点评与全面总结，从而达成既定的教学目标的一种教学方法，它不仅增强了学习的实践性与趣味性，还培养了学生的问题解决能力与决策能力。案例式教学对教师有较高要求，教师必须在课前认真选择和准备最适宜的案例，预设各种可能的答案，并做好回答，确保实现对整个教学过程的掌控并随机应变。

在传统的课堂教学中，教师引入适量典型案例，借助案例启发学生，引导学生，调动学生，可以有效提高学生的学习兴趣。教师通过精心选择与该专业相关的教学案例，能够给学生一个真实、完整的知识应用背景，将案例引入课堂，并对典型案例进行全方位剖析，能够促进学生对理论知识以及抽象概念的理解，使之更好地掌握相关课程的研究方法和手段。案例分析与探讨对学生来说也是一种特殊的实践形式，不仅能激发学生主动发现问题、思考问题、解决问题，加深对知识点的理解和记忆，还能为学生积累实践经验与技巧提供快捷途径。

5. 实物教学法

许多国际贸易专业的课程都涉及繁杂的操作流程和单据处理，因此实物教学也成为国际贸易专业常用的教学方法。运用实物教学可以使学生对书本知识和操作流程等建立感性认识，从而达到良好的教学效果。如国际结算课程中涉及很多票据、单证等，在教学中如果仅依赖教科书和课堂讲解，就会比较抽象，学生会感到难以理解，印象不深。因此在介绍这部分内容时，教师可以向学生展示银行或外贸公司在结算中常用的汇票、本票、信用证等单据的原件或复印件，以加强学生直观的感知和理解。

（二）实践教学环节

1. 课程实验教学

实践性较强的课程可以借助软件系统，开设实验课程，进行模拟仿真实训，为学生搭建一座贯通理论与实践的"桥梁"，使学生能够学用结合、学以致用，提高其动手能力及分析解决问题的能力，增强其专业学习兴趣。以国际贸易实务课程为例，教师可以在教学过程中运用实务操作软件，让学生在软件系统提供的虚拟仿真平台上，扮演工厂、进口商、出口商、进出口地银行等不同角色，多角度地开展进出口贸易的模拟操作。通过仿真环境下反复的业务操作，学生能熟练地掌握进出口交易流程、合同条款的拟定方法与技巧，以及各类外贸单据、信用证的制作方法。

2. 毕业实习

毕业实习是国际贸易专业必不可少的专业实践，也是培养学生理论应用于实践的重要教学环节。通过实习，学生可以深入国际贸易实践第一线，直观地了解国际贸易相关的企业和机构，明确这些组织机构的运作状况，亲身参与到国际贸易实际业务中去，掌握各类单证的缮制、合同签订与履行、贸易争议解决与法律适用等，为胜任将来的国际贸易业务工作打牢基础。

毕业实习是学生毕业前的最后一个实践环节，要求学生将大学四年中所学的知识应用于实践，以检验和提升自身的实践操作与专业技能。在充分掌握国际贸易理论知识的基础上，学生通过在各类外贸公司，海运公司、货运代理公司以及商检部门等地实习，可以熟悉外贸实务所涉及的具体企业、机构和部门，了解国际贸易实务的具体操作流程，进一步巩固、深化已经学过的理论和方法，提高自身发现问题以及实际解决问题的能力。在具体实习过程中，学生还可以亲身体验成本核算、询盘、发盘与还盘等各项实务操作，掌握各类工作的基本技能和方法，深入了解诸如机电、服装、医药等具体行业的外贸活动与流程，体会到贸易中不同当事人及其具体工作之间的互动关系，参与公司战略制定和市场运作，积累一定实践经验。专业实习结束之后，学生还需要认真完成并提交专业实习报告。

3. 毕业论文

毕业论文是高等院校毕业生独立完成的一篇体系完整的学术论文，是本科教育必不可少的学习阶段及对学习效果的综合评价。同时，毕业论文也是学生在教师指导下从事科学研究的初步尝试，有助于检验学生掌握知识的程度及分析问题和解决问题的基本能力。

学生撰写毕业论文的目的主要有两个：一是对学生知识和能力进行全面考核。撰写毕业论文是学生对专业知识和技能的综合运用，不仅能真实反映学生本科阶段的学习质量，还集中体现了学生的创新才能和专业水平，是对学生整体专业素质的一次综合考核。一般而言，学生要撰写一篇优秀的毕业论文，必须先确定好符合专业培养目标的选题，制订合理的研究方案，开展深入的调查研究，全面收集数据和资料，并运用相关理论和研究方法进行深入分析和充分论证，提出有一定创新性的观点。二是训练学生的科学研究基本功。撰写毕业论文属于学术研究范畴，是对理论问题及其实践意义的探究，以及学生创造性思维的训练。毕业论文写作是学生初步学习开展科学研究和撰写专业论文的过程，有助于培养学生综合运用所学知识独立分析和解决问题的能力，为后续学习和未来研究打下坚实基础。毕业论文写作一般安排在大学四年级的第二学期，学生在老师指导下独立完成毕业论文并通过论文答辩，方能取得成绩。

4. 社会实践

社会实践也是国际贸易专业重要的实践教学环节。为了帮助学生尽快了解社会、培养其创新意识、激发其学习主动性，各高校积极引导和鼓励大学生参与各种形式的社会实践。

学校将基础强化训练作为社会实践的内容，安排在一、二年级的假期进行。一般由学校提供一些具有较强的理论和现实意义的选题，学生在调研基础上撰写调查报告。学生所提交的报告应密切联系当前社会经济现实，反映企业或地区经济的发展现状、特征以及对外经济发展中存在的问题，并运用所学理论和方法分析问题原因，提出有针对性的改进措施和建议。基础强化训练这一环节可以巩固和深化课程知识，培养学生综合运用问卷调查方法，将理论知识应用于校外具体实践的能力，有助于学生广泛接触社会、全面了解专业问题，为后续课程学习奠定基础。

除上述实践教学环节外，学术创新活动以及与专业相关的学生课外活动也是大学实践教学的有益补充和深化。为了培养大学生的创新意识和创业能力，引导大学生崇尚科学、追求真知，激发其科技创业、实践成才的热情，国家、地方和各高校都开展了一系列创新、创业活动，如"挑战杯"竞赛、"科创杯"竞赛、大学生创新创业训练计划、商务谈判大赛、外贸从业能力大赛等。部分竞赛还要求不同学科背景的学生组成优势互补的竞赛团队，完成一份有创新意义、系统完整、具体可行的创业计划，这对学生实践和创新能力的培养具有积极作用。

三、国际贸易专业人才培养课程体系建设

（一）课程体系设计的意义与思路

1. 课程体系设计的背景与意义

随着全球互联网与信息技术的迅猛发展，以电子商务、大数据、区块链

技术为核心的数字经济与数字贸易，正处于快速发展阶段。同时，中国对外开放格局正遭遇外部环境的深刻变革，在这一背景下，高等教育机构亟须加快人才培养体系的革新步伐，培育出一批能够精准把握新时代复杂国际经贸环境的高素质国际经贸人才。尽管人才培养这一系统工程涵盖诸多环节，但课程体系的建设始终占据着举足轻重的地位。国际贸易优秀人才的培养依赖于科学、系统、合理和具有专业特色的课程体系。课程体系是实现人才培养目标的基石，直接影响教育对象的知识结构、能力结构和整体素质。课程设置则是实现人才培养目标的重要手段，是整个教育教学的核心环节和关键。课程设置包括课程类型的选择、课程开设的安排（如课程科目的时间安排和顺序衔接等）、课程内容的确定等。合理有序的课程设置、恰当的内容安排以及系统化的课程体系构建，不仅关系到专业人才培养目标的落实，也直接影响高校人才培养的质量。

2. 课程体系设计的思路

高校的专业课程设计是一项复杂的系统工程，其逻辑起点是学生的发展需要，由各专业学生培养目标决定，以培养目标和专业方向为依据，同时还应充分考虑学生认知方式与认知习惯的特点及其发展规律。高校在进行课程设计时，应明确根据专业培养目标要求，学生在知识、能力、素质等方面所需达到的水平，以及为了达到这样的水平，需要设置哪些课程板块，每一课程板块所设置的具体科目和课程内容等来展开。高校课程设置的知识板块不应是封闭的"金字塔"形状，而应是开放的"知识树"形态。课程设计不仅要根据培养目标、学科内容、师资力量等相匹配，还应根据经济社会的发展、市场的需求变化以及本学科的发展及时调整，从而使课程设计与时俱进，并与经济发展和社会需求紧密联系。

就国际贸易专业而言，全国同类专业的课程体系一般采取知识模块的设计方式，课程体系通常由通识课、专业基础课，专业必修课、专业选修课和实践性教学环节几部分构成。因此，根据国际贸易专业的培养目标，通识课（包括思想政治理论课、大学英语、体育、创新创业课等）的设置主要是培养学生的价值观，拓宽学生的知识面，强化学生对政治、历史、文化、社会和自然科学的认知，为进一步的专业课程学习做好必要的准备。专业基础课主要涉及本学科的一些基础课程，包括专业课的先修课程。专业基础课的开设重在对学生经济学专业基础知识的传授,为学生后面学习专业课夯实理论和方法基础,并为学生未来的深造以及事业发展奠定坚实的专业基础。专业课则为补充和深化专业基础课而设置,课程的开设着重学生专业技能的培养,使学生具备从事国际贸易活动所需的基本技能。专业课可根据修课的自主程度,分为必修和选修两类。必修课是学生为达到本专业的基本素质要求必须无条件选择学习的课程;选修课则是学生在完成必修课程基础上,可以根据学校总学分要求和个人兴趣自由选择学习的课程。实践性教学环节旨在通过一系列实践活动,增强学生的问题分析能力与解决能力,同时深化专业训练,提升学生的实践操作能力。实践性教学环节可分为两大类:一是融入日常课程中的实践性教学,如课程作业、实验设计等;二是集中性的实践性教学,涵盖专业实习、毕业论文撰写、社会实践等。

(二)课程体系设计原则

在世界经济复杂多变的国际背景下,国际贸易专业的课程设置既要紧跟时代发展、适应社会的变化与需求,同时也要迎合学生的需要与兴趣,利于学生综合能力的培养及身心健康的发展。一般来说要遵循以下几条原则。

1. 理论性与实践性并重原则

国际贸易学是一门实践性很强的综合性应用学科,属于应用经济学范畴。而从事国际经贸活动是一项技术性、实务性很强的涉外工作,对从业人员的知识面、业务技能及综合素质都有较高要求。国际贸易专业培养的学生不仅要通晓国际经贸活动所需的基本理论与基础知识,还应具备将理论应用于实际业务的素质与能力。因此,国际贸易专业的课程设置必须做到理论性与实践性并重。设置课程时,既要关注学生对经贸活动相关知识、原理以及技能的掌握,为学生奠定相对完备和坚实的理论基础,同时更要注重学生综合业务素质和商务活动能力的培养,使学生能在实际业务中能灵活应用所学的知识、方法与技能,成为适合市场经济和全球化需求的应用型人才。

目前很多高校在国际贸易专业中设置了多门经济学、管理学的学科基础课程,如产业经济学、国际投资学、经济学方法论、管理学原理、财务管理、物流管理等，为学生搭建了宽广的学科基础平台，奠定了宽厚的专业知识基础。此外，许多高校在课程设置中还加强了应用型课程体系的建设，通过增设若干实践性较强的应用性课程，增开课程实验等方式试图为学生提供更多的理论联系实际、参与模拟实训的机会。例如国际贸易单证制作、报关实务、国际运输与保险、进出口案例分析等相关专业课程的开设，以及国际贸易实务实验、国际结算与单证实验、报关报检实验、外贸函电实验等课程实验的开展。这些应用性课程及课程实验有利于进一步加深和巩固学生对专业基础知识、基本理论与技能的掌握，提高学生分析问题和解决问题的能力，使学生真正做到学以致用。

2. 现实性与前瞻性兼顾原则

社会需求是人才培养的重要依据，课程设置作为实现人才培养目标的重要手段，同样要基于社会的现实需求来展开。相应地，国际贸易专业的课程设置原则上应立足于满足国际经济贸易实践的需要，紧密围绕当前社会经济发展过程中迫切需要的与国际贸易相关的内容来展开，使学生的知识结构能够适应现实的社会需求。然而人类科技日新月异、生产力迅速发展，社会需求也在不断发生变化，这既对人才培养提出了更高要求，又使学科本身的内容得到更新、丰富和拓展。于是客观上对专业的课程设置提出了新要求：既要立足于社会的现实需求，也要能够适应社会的发展与变化，根据科技与学科的最新发展不断地对课程内容进行调整和完善，为培养高度适应性的创新人才奠定坚实基础。

与其他传统经济学科相比，国际贸易的环境和手段更新较快，因此，国际贸易的专业课程设置更需要紧跟国际贸易实践发展的最新需求，努力做到现实性与前瞻性相结合。例如，随着技术与服务贸易的快速发展及大数据、云计算的迅速崛起，一些高校对国际贸易专业的课程体系作出了调整，将前沿、新兴的学科纳入课程体系中，增加了与之相关的各类课程，包括国际服务贸易、国际技术贸易、技术创新导论、商务智能与现代企业管理、网络经济学、大数据与云计算等。这些课程的开设，拓宽了学生的知识面，同时也有助于培养学生的探索和创新能力。国际贸易专业的课程设置只有基于现实需求和发展需要，前瞻性地构建好专业课程体系，以有限的课程门类来满足学生对学科知识日益扩展的需求，才能够更好地推动学科发展，为社会培养符合现实需要和发展要求的国际贸易人才。

3. 普适性与特色性结合原则

国际贸易专业的课程设置首先要具备普适性，这不仅与新时期下经济全球化对人才培养"宽口径，厚基础"的基本要求相吻合，同时，扎实宽广的基础知识对学生今后从事国际贸易方面的研究和实践工作也大有益处。按照普适性的要求，国际贸易课程体系的基本内容应当涵盖学生未来择业、就业及从业所需的基本理论、基础知识和专业技能所需的相关课程。因此，一方面需要加强基础课程教育，拓宽国际贸易专业学生在经济与管理相关学科的知识面，强化学生的理论基础；另一方面需要大力扩展专业课程（包括专业必修课和专业选修课），通过对专业课的优化设置，使学生能较为全面地掌握专业应具备的知识、素质与能力。

在确保普适性的同时，国际贸易专业的课程设置还需要具备特色性。世界一流大学一般都有自己引以为傲的特色课程体系，如哈佛大学的"核心课程"、麻省理工的跨学科选修课程计划、牛津大学的"复合课程"等。各高校应根据自身的内外条件及办学理念，探索出一整套适合本校发展的校本课程，构建具备特色的专业课程体系。

四、国际贸易专业人才的知识培养体系构建

（一）基础知识体系构建

1. 了解法律法规知识

（1）我国的基本法律知识尤其是与经济相关的法律知识

具有一定的法律素养是我国现代法治社会公民的必备素质，同时，随着我国社会经济和国际贸易的迅速发展以及加入世贸、自贸区的成立等，我国的各种涉外事务及国际经济贸易活动也将会不断增加。为了符合 WTO 的规则，从事涉外经济工作的外向型人才，在掌握我国基本法律知识的基础上，还应重点掌握与经济相关的法律常识，如了解经济法总论、中央财政法规、中央税收法规、金融法规、海关法规、合同法、票据法、劳动合同法及国际货物贸易、海商海事保险、国际贸易法等法律法规。

（2）国际贸易惯例的法律性质与使用

国际贸易惯例是在国际贸易领域内经过实践磨砺而自发形成的一套行为准则，广泛通行于特定区域或行业内，其性质属于任意性规范，不具备法律的强制执行力。因此，合同双方完全有权在协商一致的基础上，作出有悖于惯例的约定，一旦合同生效，双方均须遵循合同中的具体规定。

《联合国国际货物销售合同公约》中明确了国际贸易惯例的约束力，确认了它在解决国际贸易纠纷中的重要作用。国际贸易惯例对合同当事人的约束力分为两种情况：其一，当合同双方明确约定采纳某一国际惯例作为合同的一部分时；其二，即便合同未直接提及，但如双方均未排除且应知或已知某项在国际贸易中同类合同间广泛适用且被遵守的惯例，则该惯例可视为双方默示接受，同样对合同双方产生约束力。

在解决国际贸易争端时，法院或仲裁机构将依据以下原则进行裁决：若合同内容与相关国际贸易惯例存在冲突，则合同规定优先于惯例适用；若合同规定与惯例无直接矛盾，则以国际惯例为准；若合同中明确指定采用某一惯例，则该惯例即转化为合同条款的一部分，具备强制性执行力，需双方严格遵守。

2. 了解世界贸易组织及其基本规则

（1）基本概念

世贸组织是一个独立于联合国的永久性的国际组织，坐落于瑞士日内瓦莱蒙湖畔，承担全球经济与贸易秩序管理的重任。其核心使命在于通过践行市场开放、非歧视性待遇及公平贸易等原则，实现世界贸易自由化。世贸组织是拥有独立法人资格的国际组织，在解决成员争端上展现出更高的权威性和专业性。世贸组织的架构广泛，涵盖商品货物贸易、服务贸易与知识产权贸易等。

（2）基本原则

① 公平贸易原则。坚决反对任何成员采取不正当的贸易手段，如倾销或补贴，以扭曲国际市场竞争秩序，确保国际贸易环境的公平与正义。

② 关税减让原则。鼓励并促进成员间逐步降低关税水平，减轻贸易壁垒，促进商品与服务的自由流通。

③ 透明度原则。通过实施《贸易政策审议机制》，定期审查各成员的贸

易政策，确保所有贸易措施及法规公开透明，防止信息不对称导致的歧视性待遇。

④ 贸易互惠原则。强调在国际贸易中，利益的交换与特权的赋予包含双边互惠和多边互惠，以共同促进全球贸易的繁荣。

⑤ 国民待遇原则。在民商事领域，确保外国自然人、法人及商船等享受不低于本国同类主体的待遇，特别是在货物贸易领域，本国产品不得享有超越进口产品的特殊优惠。

⑥ 市场准入原则。旨在通过分阶段、有计划地开放各国市场，逐步消除关税及非关税壁垒，实现贸易自由最大化。该原则涵盖了关税保护与减让、取消数量限制及透明度要求的提升等多个方面。

⑦ 经济发展原则。旨在加速发展中国家的经济繁荣进程，通过一系列特殊优惠措施予以扶持，赋予发展中国家在特定情境下实施进口数量调控或上调关税的权利；设立"贸易与发展条款"，要求发达国家单方面承担义务，而发展中国家则无须对等回馈即可享受特定优惠；确认发达国家向发展中国家及经济转型国家提供延长过渡期优惠与普惠制待遇的合法性。

⑧ 非歧视性原则。体现为最惠国待遇与国民待遇。就最惠国待遇而言，它要求任一成员国若给予某一成员国在关税或其他贸易相关事项上的优惠，则必须即时且无条件地将该优惠扩展至所有其他成员国，以确保国际贸易环境的公平性与非歧视性，防止任何成员国受到不公平的差别待遇。此原则的实施，旨在维护国际贸易秩序的公正性，促进全球贸易的和谐发展。

3. 了解中国—东盟自由贸易区及政策关键词

（1）基本概念

中国—东盟自由贸易区作为一个区域性的经济合作组织，旨在促进中国与东南亚国家联盟十个成员国之间的贸易自由化。作为中国参与的首个自由贸易区商谈项目，同时也是东盟作为整体对外开启的首个自由贸易区，中国—东盟自贸区的建立是双方在经济一体化进程中的重要里程碑。该自贸区总面积1 300万平方千米，拥有接近19亿人口的市场基础，是当前全球范围内人口规模最大的自由贸易区，同时也是发展中国家间最大的自由贸易区。

（2）政策关键词

①原产地规则，旨在明确界定某一特定商品的原产国或原产地区，即商品的实际生产起源地。依据国际通行惯例及各国具体规定，原产国（地）通常指某一商品完全生产制造的所在地，若某一商品的生产涉及多个国家（地区），则确定其原产国（地）的标准为实施了商品最终实质性加工的国家（地区）。从原产地标准的角度出发，商品可分为两大类：一是完全获得产品，这类产品完全采用原产国的原材料与零部件，并在其境内完成全部生产流程；二是非完全获得产品，其生产过程可能涉及非原产国原料的使用，或未在原产国完成全部制造工序。随着全球经济一体化的加速与国际分工的细化，许多商品的生产已跨越国界，涉及多个国家和地区。因此，对于国际贸易中的商品，特别是非完全获得产品，确立一套统一且科学的原产地判定标准显得尤为重要，这一判定标准即被称为"原产地规则"。原产地规则不仅是对商品"国籍"的界定，更是国际贸易中实施优惠关税、配额限制、反倾销反补贴措施等的重要依据。中国—东盟自由贸易区的原产地规则以"增值标准"为核心。根据《中国—东盟自由贸易区货物贸易协议》，若某一商品在自贸区内的本地加工增值额达到或超过该商品总价值的40%，该商品即被视为中国—东盟自贸区的原产产品，从而在区内进出口贸易中享受优惠的关税待遇。

②国民待遇原则，要求一国政府在其领土范围内，对合法居留的外国人及其经济活动，赋予与本国公民同等的民事权利与地位。具体来说，它主要包括国内税收政策的平等适用、运输服务的无差别待遇、船舶遇险时的紧急救援措施、知识产权保护，以及在民事诉讼中享有的权益保障，等等。需要注意的是，国民待遇不包括领海捕鱼权、土地购置权及零售贸易活动等。最惠国待遇要求缔约国在进出口贸易、税收征缴、航运通航等领域，自动地、无条件地给予另一缔约国不低于其给予任何第三国的待遇，以此确保贸易伙伴间享有公平的市场准入机会和条件，因此也被称为"无歧视待遇"。国民待遇原则与最惠国待遇制度相辅相成，确保成员国在自然人与法人的经济活动上，不仅能在国内市场中享受与本国主体同等的权利与机会，还能在国际市场上享受来自其他成员国的最优惠待遇。

③投资便捷化。中国—东盟自由贸易区致力于构建一个自由度高、操作便捷、信息透明的投资制度框架，通过提升投资相关法律法规的透明度和加

强法律保障，为双方投资保驾护航，从而促进区域投资便利化、自由化。该投资协议目标明确，即要加速东盟与中国之间的资本流动。为实现这一目标，协议提出贸易双方相互给予投资者国民待遇、最惠国待遇以及投资公平与公正待遇，旨在为投资者创造更为优越的投资条件与环境；同时，精简投资申请与审批流程，提高投资信息的透明度，规则、法规、政策及程序等方面信息及时发布；还倡导在各东道国设立一站式投资服务中心，提供从营业执照办理到各类许可获取的全方位支持与咨询服务，促进投资活动顺畅进行。

④市场准入，指的是一国政府对外国商品、服务及资本进入其国内市场的许可程度。世界贸易组织《服务贸易总协定》第 16 条规定，各成员国有义务确保给予其他成员方服务及其提供者的待遇，不低于他们在服务贸易具体承诺表中所设定的期限、限制条件和资格要求。这一条款旨在促进国际服务贸易的自由化，要求成员国间相互开放市场，并对限制措施（包括关税及非关税壁垒）的放宽程度作出具体承诺。根据《中国—东盟自由贸易区货物贸易协议》，所有缔约方应避免采用任何形式的数量限制措施，即便是非世界贸易组织成员的缔约方也需逐步取消其数量限制。此外，协议还要求各方明确当前仍保留的非关税壁垒，并逐步取消。

⑤逐步自由化规则，规定自本协定生效之日起的 1 年内，各方需完成第二批具体承诺的谈判，旨在优化与拓展首批承诺的实质内容，以此推动服务贸易在缔约国之间实现阶段性的自由化进程。此条款的设定，充分考量了各成员国的经济发展阶段及服务行业的独特属性，体现出中国与东盟在服务贸易开放领域的稳妥推进策略。

⑥争端解决协议。中国—东盟自由贸易区争端解决机制协议，是一项多边性质的国际协议，其缔约方涵盖了中国与东南亚国家联盟内的 10 个成员国，共计 11 个独立经济体。

⑦零关税政策，是指在商品跨越国境进行进出口贸易时，该国海关机构不向商品的原产国或目的国征收任何形式的关税。

4. 了解文化知识

文化是人类过去的物质成就与精神探索的总和，也是驱动未来社会进步与文明演进的基石。文化体现在人们的日常行为、节日庆典、艺术创造以及思维方式之中，是连接过去与未来、现实与梦想的桥梁。

正是因为文化知识的博大精深，几乎没有一个人能够对文化做到面面俱到的了解。即便是具有深厚文化修养的人，他所掌握的文化知识也不是全面的。一个人的文化知识往往可以体现一个人综合素质的高低，正因为如此，国际贸易专业人才才更需要接触和了解文化常识，尤其是外向型人才，更需要掌握中外文化知识。

（二）专业知识体系构建

1. 专业基础知识

（1）思想品德知识

外向型人才作为公司乃至国家的代表，在国际交流与经济活动中，必须将爱国主义、集体主义和社会主义的价值观作为行动指南，同时展现出高度的法律意识、优秀的道德品质和社会责任感。

（2）会计基本知识

会计基础知识的掌握对于外向型人才而言至关重要，直接影响到商务活动中的成本核算、产品定价以及国际贸易中的交易结算等关键环节。因此，深入理解会计要素、熟练运用账户管理、熟悉银行结算流程、掌握成本计算方法及在装运港船上交货（FOB）下的报价策略，是提升业务效率、确保谈判与结算顺利进行的必备能力。

（3）计算机知识

计算机的出现是人类科学技术史上的重大突破。如今，计算机已被应用到社会中的各个领域，因此，计算机知识的掌握和应用能力也成为一个人知识和能力结构中不可缺少的重要组成部分，正如有人所说，"不会使用计算机就是现代社会的文盲""计算机知识是通向成功的护照"。面对这种新的形势，虽然不要求每个大学生都需要懂得计算机原理和编程知识，但所有大学生都应能熟练地使用计算机、互联网、常用办公软件等。

（4）应用写作基本知识

在工作场合中，经常会用到各种通知、请示、报告、年终总结、往来信函、活动方案、买卖合同等基本的应用文写作，因此，基本的应用文写作知识、格式，是每个职场人必须掌握的基本知识。对于外向型人才而言，各种对外的往来信函及国际惯例的撰写格式、语气使用等基本知识必须掌握。

（5）英语基本听说读写译知识

在全球化的今天，英语作为国际交流的通用语言，其重要性不言而喻。掌握英语不仅意味着能够畅通无阻地与来自世界各地的合作伙伴沟通，更是获取全球信息、融入国际经济体系的关键。世界上有超过十几亿的人说着流利的英语，英语在国际的经济、文化、军事和政治交流中已经成为一种十分通用的语言。为此，作为外向型人才，只有掌握基本的英语听说读写译能力，才能掌握对外交往的基本工具。

（6）必备的办公自动化知识

随着科技进步和办公自动化的普及，熟练掌握办公设备的使用与维护成为外向型人才的一项基本技能。打印机、传真机操作，解决常见的设备故障，如打印机卡纸处理、墨盒更换、双面复印设置等，是提高工作效率、保障办公流畅性的重要技能，也是适应跨国界、跨时区工作模式的重要支撑。

（7）一定的国际观念和全球意识

面对中国与世界经济日益融合的趋势，外向型人才还需具备广阔的国际视野和初步的国际市场认知，能够敏锐地洞察国际经济动态，理解并遵循国际市场运作的基本规律，为我国企业"走出去"提供有力支持。在当今全球化的经济格局中，深入理解并熟练运用国际通用的市场经济运作机制，是企业在激烈的国际竞争环境中立足的关键。

（8）必备的体育知识

俗话说，身体是革命的本钱。因此作为职业人员，尤其是工作节奏较快的外向型人才，必须具有能适应外向型工作强度的身体素质。这类人才应当具备扎实的体育基础知识，了解基本的卫生保健常识，以及一定的军事理论，这不仅有助于增强个人体质与免疫力，保持身心健康，同时也是培养坚韧不拔的意志品质、团队协作能力及应急处理能力的重要途径。外向型人才还需具备健全的心理素质，能够在高压环境下保持冷静、理性，有效管理情绪与压力。

2. 专业核心知识

（1）精通业务

这里所说的精通业务，是指精通所学的专业知识，尤其是从理论到实际、运用所学知识解决实际工作问题的能力。以外贸工作为例，对外贸易是一门专业性很强的学科，须掌握必要的专业技能，如外经、外贸、国际金融、涉外法律、进出口贸易、国际商法、国际市场调研、国际运输、国际保险、国际投资、国际企业管理等实务的技巧和能力。以物流工作为例，现代物流业具有知识密集、技术密集、资本密集和劳动密集兼有的特点，既是外向型，又是增值型的服务行业，在实际运作中，商流、资金流、信息流贯穿于各个环节中，它所涉及和需要从业人员掌握的知识领域非常广泛，包括仓储运输、安全管理及相关的法律知识等。

（2）娴熟地掌握国际贸易惯例

国际贸易惯例构成了当前世界各国进行国际贸易互动的基石，涵盖了国际贸易、国际投资、技术转移、国际金融、国际税收、国际仲裁及劳务输出等多个领域的公认行为模式。因此，对于外向型专业人才而言，深刻理解并熟练掌握具体的国际贸易惯例条款、应用规则及其背后的风险、责任分配、法律特性以及风险规避策略显得尤为重要。例如，在货物交接时，熟悉如装运港船上交货（FOB）与成本加保险费加运费（CIF）等国际贸易术语的定义、使用场景及注意事项，是确保交易顺利进行的关键。

（3）具有较深功底的专业英语知识

英语作为国际交流的主要语言，在外向型业务中扮演着不可或缺的角色。仅仅具备基础的英语听说读写译能力已难以满足复杂多变的职场需求，因此，外向型人才要精通专业领域的英语知识，鉴于各行业专业英语需求的差异性，大学生在校期间可以优先学习掌握行业通用术语，或根据个人兴趣专注于两到三个具体行业，深入研习其专业术语。

（4）有在外向型企业实践的经验

从校园到职场的过渡是一个逐步适应与提升的过程，将理论知识转化为职场实践技能需要时间与经验的积累。这解释了为何许多企业在招聘时倾向于具备一定工作经验的候选人。因此，积累社会实践经验成为社会对大学生的一项基本要求，特别是对于意在投身外向型经济领域的学生而言，通过在外向型企业中的实习与实践，他们不仅能够深入了解并掌握企业的运作模式与业务流程，还能有效缩短适应期，迅速融入职场环境，实现从学生到职场人的顺利转型。

（5）有企业公关知识

公共关系活动是指某一组织为改善其与社会公众的关系，争取相关公众的理解与接受而进行的一系列活动。对于企业来说，公共关系是一门"内求团结，外求发展"的经营管理艺术。开展公关工作，对于扩大企业知名度，树立企业良好形象；协调企业内外关系，密切企业间的联系；处理企业突发事件，维护企业形象和信誉，进而提高企业经济效益，具有重大的作用。为此，作为一名外向型人才，也应具有良好的公共关系知识，要在工作中善于沟通，协调好与各方面的关系，宣传本企业产品，让对方对本企业产生好感，接受本企业产品；在与各方面人士打交道时，不卑不亢，广交朋友，既有坚持原则的坚定性，又有掌握政策的灵活性；善于争取对方，使企业迅速与对方达成交易协议。

（6）有较好的谈判知识

随着中国加入世界贸易组织，中国参与国际商贸谈判的频率显著增加，这对培养具备国际视野与谈判技巧的外向型人才提出了更高要求。在跨国谈判中，文化差异是一个至关重要且颇具挑战性的关键因素。同时，谈判是一项复杂的工作，谈判桌上瞬息万变，要在谈判中制胜达到双赢，就必须"不打无准备之仗"。为此，外向型人员应具有较好的谈判知识，如了解中西方不同的文化价值理念，搭建谈判团队，掌握涉及的法律知识、谈判的基本原则、谈判中说服对方的技巧、谈判中达到双赢的条件和谈判的弹性目标，等等。

（7）掌握丰富的国际经济信息知识

当今社会是信息的社会，新技术革命的迅猛发展，国际市场竞争越发激烈、变化多端，只有对外部世界有高度的感知力，信息灵通，才能在经济战略、方针、政策上作出灵活的反应。外向型人才必须通过各种渠道广泛捕捉信息，及时处理信息，为自身所用，才能在国际市场上抢占市场先机，赢得主动。纵观新加坡经济发展历史，它之所以如此快速地繁荣兴旺，正是因为拥有一大批能及时捕捉国际市场信息的经济型人才。

（8）其他特殊专业知识

除了上述知识外，外向型人才还需有这个领域人才所需的特殊专业知识，如熟悉国际市场行情，懂得人、财、物管理业务，具有先进的科学技术知识，谙熟经济法律法规知识、项目经营的知识、与人团结协作的知识，知晓培养自身组织协调管理能力、大局意识能力的知识等。

3. 专业拓展知识

（1）具备较好的语言沟通能力和知识

语言是外交的主要武器。外交采用的方式是和平方式，所以外交的武器不是枪炮，而是语言。周恩来总理所说的外交是"文打"，就非常生动地体现了这一性质。既然语言是外交、外事和涉外人员的主要武器和工具，所有从事外交、外事和涉外工作的人自然都应当培养自己熟练掌握运用语言的技能，过好语言关。"过好语言关"首先应当过好母语关，对我们来说就是过好汉语关或中文关。除此之外，外向型人才还需要掌握外事语言的基本要求，如准确性、分寸感、礼仪性、政策性和纪律性等。

（2）具备广博的知识

在知识经济全球化的今天，国际竞争的核心逐步转变为智力的较量。鉴于此，人才资源的深度开发与人才质量的全面提升，已然成为驱动国家经济持续繁荣的关键。自中国加入世界贸易组织以来，具有跨学科背景的复合型人才逐渐成为市场竞相争抢的宝贵资源。交叉复合型人才是指具有深厚的理论基础、扎实的专业知识、正确处理人际关系的交往能力、适应环境的应变能力、系统的组织管理能力、综合运用的信息处理能力、更新知识的自学能力、探索本学科前沿知识和发展趋势的科研能力、熟练的语言交流和文字表达能力的人。对于外向型人才不仅要深耕某一专业领域，还需广泛涉猎通识知识，构建起既专且博的知识体系，以灵活应对国际竞争中的复杂挑战与新兴机遇。具体来说，外向型人才要有足够的知识，既要有足够的"纵向"知识，也有足够的"横向"知识。"纵向"是指本专业内的纵深知识，也包括必要的历史知识；"横向"则指环绕专业周边，与专业有着不同联系的各类必要知识，以适应工作中日新月异的新要求和高要求。比如，中国海关人员需要接触和处理的事务越来越复杂，他们必须不断地扩大知识面，跟上形势的发展和变化，这要求他们不仅应当熟悉和钻研海关业务，还应当熟悉必要的海关历史，特别是中国海关的历史。这种越来越深的"纵向"知识和越来越宽的"横向"知识，单靠学校所学的知识已远远不够，必须在工作中学、实践中学，边干边学、边用边学。

（3）卓越的应变能力和解决问题的能力

现如今，国际环境风云变幻，市场竞争日益激烈，外向型人才需具备卓越的应变力与问题解决能力，掌握科学的研究方法，高效整合并分析信息，同时，还需强化创新思维、逻辑推理、精准判断与总结提炼等能力，以确保在复杂多变的情境下，能够迅速响应并妥善处理各类突发事件。

（4）精诚合作的态度与善于交往的能力、知识

在科技日新月异、社会生产力飞跃发展的背景下，人类合作的深度与广度不断拓展，团队内部成员的默契配合与高效沟通，成为决定群体竞争力的关键因素。同时，无论是商务合作还是日常社交，外向型人才均需秉持恰当的交往原则，运用丰富的沟通技巧，建立良好的人际关系，促进个人与组织的共同发展。

（5）适应职业岗位变动的应变知识和就业弹性知识

知识体系的快速迭代、思想观念的不断革新、新兴行业与学科的涌现以及传统行业的转型，正逐步瓦解传统的职业观念。全球政治经济形势的复杂多变与国际交流的日益频繁，对外向型人才提出了更高的适应性要求。外向型人才需具备快速学习新知识、灵活调整职业规划的能力，这样才能在不断变化的环境中保持竞争力。

五、国际贸易专业人才的学习方法

国际贸易专业设置的课程种类较多，各门课程由于特点和教学目标不同，其学习方法也各有特点。学生应把握好各门课程的教学特点和目标要求，掌握学习的基本方法，做到学习目标明确，学习过程有规划，学习方法高效率，通过多途径多渠道展开学习。在具体学习过程中需要注意以下几个方面。

（一）扎实学习相关课程

大学阶段，很多课程之间有密切联系，如一些课程是另一些课程的先修课程，必须先学好这些先修课程才能顺利完成后续课程的学习。

以国际贸易理论课程为例，该课程专业性较强，需要多方面的知识准备。作为经济学的一个重要分支，国际贸易理论是研究商品和服务跨国界流动条件下资源有效配置及其福利效应的科学。对这门课程的理解需要具备两个方面的理论背景：一是西方经济学或经济学的基本理论。国际贸易的理论和政策都是在经济学基本理论基础上发展起来的，没有前期西方经济学的扎实基础，就很难理解国际贸易学的基本理论。二是福利经济学。国际贸易理论分析的重要依据是经济福利变动，如果一个经济政策在增进某一方经济福利的同时，没有造成其他方面的福利损失，就可以断定该政策是有利的。因此，学好国际贸易理论一定要有扎实的西方经济学和福利经济学知识基础。

国际贸易专业基础课和专业课程对学生综合素质要求很高，如对英语、高等数学、西方经济学和统计软件——SPSS（社会科学统计软件包）和 EVIEWS（计量经济学软件包）等的运用都有一定要求。因此，国际贸易专业学生在学习过程中要勤学苦练，提高自己的综合素质。以计量经济学为例，计量经济模型的主要原理、术语均来自西方，软件的使用都采用英文界面，对英语要求较高。同时，计量经济学是数学、统计学和经济学三者的结合，因此数学基础知识、统计学思维和微宏观经济学基础理论是学好该门课程的重要基础。

（二）科学规划学习过程

在学习每门课程之前，学生要认真查阅该课程的教学大纲，明确课程的宗旨、特点、要求、内容提要及考核重点，做到有目的、有计划地学习，这样才能收到良好的学习效果。

具体学习过程中，学生需要根据教学大纲，主动利用图书馆各种资源，课前了解相关背景和基础知识，阅读老师要求的参考书目并做好读书笔记，保证在课前对授课内容有较为详细的了解，带着问题进行课堂学习。在上课过程中学生应认真听讲，紧跟老师的教学节奏，并积极参与到课堂教学中来，包括积极思考、认真回答问题、主动参与课堂讨论等。课堂教学结束后，学生应根据自身学习和理解情况及时整理完善笔记，做适当练习题，阅读相关书籍文献，以促进课堂知识的消化、吸收。如果遇到不能解决的问题，学生要及时与老师沟通，寻求解答。

目前很多高校的教务系统都构建了网络学习平台，学生在课程学习过程中应积极运用这些平台，利用好平台上提供的学习资料，与老师和同学交流学习心得，同时提出问题，讨论与课程相关的学科热点问题，以提升课堂学习效果以及专业素养。

（三）积极参与课堂讨论

课堂讨论有利于增加学习参与度和积极性。学生在课堂讨论前需做好相关资料数据的准备，可以借助学校图书馆的纸质和电子资源，检索和查询相关资料。课堂讨论过程中，学生应积极参与、发表看法、认真记录和思考，课后需及时总结，撰写讨论报告。课堂讨论中各种观点的碰撞有助于进一步提高学生独立思考和解决问题的能力，增强授课效果。资料准备、相互研讨及报告撰写的过程也有助于学生增加课外阅读量，拓展课堂学习的深度和广度。

（四）认真对待课程作业

大学课程的每节课都信息量大、学习任务重，因此，学生需要通过课后适量练习来巩固课程所学的知识和内容。要完成课后作业，学生应在充分熟悉和理解书本知识的基础上，广泛搜集资料和信息，开展拓展阅读。同时学生还应积极使用计量软件等研究工具对资料加以分析，并应用专业知识、结合实际问题对研究结果进行解释。适量的练习题，特别是案例分析题、开放式思考题以及计算题等将有助于加深学生对理论知识的理解与掌握。

此外，国际贸易专业的很多课程逻辑体系严密，概念理论抽象难懂，如西方经济学、国际金融、计量经济学等，学生光靠机械地记忆是不行的，必须着重培养自身的逻辑思维能力。在学习这类课程时，学生首先要明确有关概念，理解和理清其内在逻辑关系与体系，在掌握各关键变量内涵、外延以及内在联系的基础上，再进一步思考和把握各变量间的作用机制，从而更好地判断和分析实际问题。

（五）利用各种渠道完善自身知识结构

学生应利用好高校图书馆馆藏资源和各类电子资源，有条件的可办理高校通用借书证，借助其他高校资源，广泛阅读经济管理类专业图书，重视经典著作的学习，不断改善自身知识结构。学生还要积极参加各种形式的专业讲座、专家学者论坛，旁听本校和外校的有关课程等，拓宽自己的专业视野。同时，学生要注重自身分析观察能力、理论联系实际能力的培养，不断提高自身的专业素养。此外，树立全局思维也至关重要，特别是理解一个理论体系或政策问题时常常需要学生站在特定视角，学会换位思考，去理解、分析和评价不同观点，以吸收各类理论的合理内核。

（六）课堂学习与能力培养紧密结合

由于国际贸易专业的特殊性和培养目标要求，学生在学习过程中应自觉将课堂学习与职业能力培养紧密结合。

1. 将课堂教学与模拟实验相结合

基于部分专业课程的内容和特点，学生应将课堂学习的基础知识、基本原理综合运用到实验室软件的模拟操作上。以国际结算课程学习为例，学生在教师指导下可以结合课程内容进行丰富多样的模拟操作，尝试以贸易商或银行身份，体会不同角色在结算流程中的关系和业务操作，深入了解国际结算业务的运作方式，以达到"干中学"的目的。对于实践性较强的课程，学生应重视自身实践操作能力与专业综合技能的培养，借助实验教学提供的开放、互动的模拟操作平台，开展"试错—反思—总结"的验证式学习，提升独立思考、自主探究以及创新实践的能力。

2. 将课程教学和相关资质证书相结合

作为国际贸易专业的学生，不仅要按照本专业的教学计划学习校内安排的各门课程，还要主动构建自身的知识体系，规划好自己的职业生涯。如果希望在毕业后顺利胜任国际贸易相关的各类业务工作，仅仅满足于在校期间的课内学习是不够的。目前国内外有各类与国际贸易相关的专业资质证书，学生可以根据自身能力和需要，将在校课程学习和获取相关资质证书结合起来，选择合理的时间取得报关员、报检员、国际商务单证员、国际货运代理员、外贸跟单员等资质证书，以不断提升自身的职业竞争力。

第四章

国际贸易专业人才培养的创新模式

国际经济政治环境的变化，对国际贸易人才创业创新能力培养提出新要求。为了适应市场变化，高校国际贸易专业人才培养需要改革。本章主要介绍两种人才培养创新模式，即"双元育人，书证融通"人才培养模式和"课堂—论文—竞赛—社会实践"联动的人才培养模式。

第一节 "双元育人，书证融通"人才培养模式

一、"双元育人，书证融通"人才培养模式概述

高校应打造"双元双优"结构化教师教学创新团队，重构专业群课程体系，全面对接跨境电商 B2B（企业间的电子商务）数据运营和跨境电商 B2C（企业对消费者的电子商务）数据运营职业技能等级标准，创新"双元育人，书证融通"复合型数字国际贸易技术技能人才培养模式，不断夯实学生技术技能，持续提升学生考证通过率，全面服务学生高质量就业，走出"双元育人，书证融通"的实践样板，全力打造复合型数字国际贸易技术技能人才培养高地，探索出一条行之有效的高素质技术技能人才培养路径。

（一）"双元育人，书证融通"人才培养模式的含义和实施前提

1. 含义

"双元育人，书证融通"复合型技术技能人才培养模式，简称"双元育

人，书证融通"人才培养模式，是指依托数字贸易学院，以"双元双优"结构化教师教学创新团队为主体，确立与岗位标准紧密对接的培养目标，依据职业技能等级标准开发教学内容，依托高素质、结构合理的教学创新团队，深度融合职业技能等级标准，共同制定岗位标准、专业教学标准、课程标准及教材体系，共同开展备课、授课、评价和就业指导，构建"四合四同"运行机制，着力夯实复合型数字国际贸易技术技能人才培养质量的人才培养模式。

2. 实施前提

"双元育人，书证融通"作为先进的人才培养模式，其有效实施建立在明确的人才培养定位、精细化的职业岗位标准及 1+X 证书项目制度之上。

首先，高校应深入分析区域经济特征，广泛调研区域内各类企业的人才需求，精准定位所服务的主要职业岗位或岗位群，进而确立各专业的具体人才培养方向。其次，各专业需紧密对接既定的职业岗位或岗位群标准，细致分析这些岗位所需的职业素质、关键能力与专业知识框架，据此设定科学的人才培养规格，确保教育内容与实际工作需求无缝对接。最后，基于上述人才培养定位，高校应主动设计并实施针对目标岗位或岗位群的 1+X 证书项目，作为衡量人才培养成效的重要依据。

（二）"双元育人，书证融通"人才培养模式实施时面临的问题

1. 国际贸易职业岗位标准尚未开发

当前国内已构建的职业岗位标准主要聚焦于工程技术领域，而针对国际贸易的职业标准建设尚显滞后。这直接制约了国际贸易专业在设定人才培养目标时的科学性与精准性，导致难以精确界定学生应具备的职业素养、核心技能及专业知识框架，进而影响了教育目标的合理设定。

2. 国际贸易专业人才培养方案设计主观性强

缺乏明确的职业岗位标准，使得众多高校在规划国际贸易专业人才培养

路径时，往往陷入定位模糊的困境，有的高校甚至只是将本科相同专业的人才培养方案作简单的调整后就当作高校的人才培养方案来使用。这样制定出来的人才培养方案，容易与国际贸易领域实际工作岗位或岗位群所期待的从业者素质要求产生偏差。如果专门成立一个由专业领域的行业企业专家构成的专业指导委员会或专业建设咨询委员会等专业建设的行业顾问组织，那么就可以使设计的人才培养方案与行业企业需求更加接近，但是仍然存在一定程度的偏差，其偏差程度取决于行业顾问组织专家的水平。

按照主观设计的人才培养方案除了与行业企业需求产生不同程度的偏差之外，还有系统性不足的弊端。这样设计的人才培养方案不可能对职业岗位所要求的职业素质、职业能力和专业知识进行全面系统的囊括。因此，也就没有完整系统的人才培养措施对职业岗位所要求的职业素质、职业能力和专业知识进行训练和培养。

3. 国际贸易专业课程体系以学科体系为主

当前多数高校的国际贸易专业及其相关专业的课程体系构建，普遍采取以学科体系为核心的设置模式，该模式强调学科结构的完整性与专业知识体系的全面性。各专业课程的编排遵循专业知识的内在逻辑关联，以系统传授专业知识作为教学的主要目标，在学生岗位职业能力与职业素养培育方面存在不足。专业课程往往侧重于学生专业理论知识的记忆与累积，缺乏对他们在实际业务中应用能力的培养，容易造成学生实践操作技能的匮乏。以学科体系为主导的专业课程体系在培养应用型、技能型人才方面显得力不从心，难以充分契合职业人才发展的实际需求。

4. 国际贸易专业教材以知识体系为主

目前国际贸易专业相关课程的一些教材按照知识的逻辑关系进行编排，主要以传统的"章、节、目"体例等知识体系为依据，未能把职业场景、职业氛围、职业人角色和工作过程等职业要素融入其中。尽管某些以知识体系为主的教材已经在原有基础上配备了相对应的实训教材，或者在原有以知识体系为主的教材的后面增加了实训练习，但是仍然存在理论与实践两张皮，不能有机统一，无法满足高校教学对岗位职业素质、职业能力和专业知识进行全面系统训练的整体性要求。

5. 国际贸易专业教学团队以校内专任教师为主

当前国际贸易相关专业教学团队的核心主要是校内专职教师，但大多数专职教师都缺乏实践经验。尽管提升教师"双师型"素质已成为各高校的共识，其实现却面临多重挑战。首先，随着高等教育普及化进程的加快，学生数量激增，而校内专职教师的增长速度难以匹配，这就导致教师群体的教学负担较重，长期处于超负荷工作状态。这样的情境下，若再抽调部分教师前往企业进行顶岗实践，无疑会进一步加剧剩余教师的教学压力，使他们难以承受。其次，校企合作的深度与广度不足也是制约教师实践的重要因素。许多学校缺乏有效的产学合作机制，行业企业往往出于各种原因，不愿接纳教师长时间顶岗。

尽管部分高校已尝试引入行业兼职教师，以弥补专任教师实践经验的不足，但这些举措多停留于表面，未能充分利用其宝贵的行业经验和实践智慧，不足以支撑起职业人才全面培养的需求。

6. 国际贸易专业实践教学基地建设不足

在多数高校中，国际贸易及其相关专业普遍面临校内实训资源有限的问题，通常仅配备有 1 至 2 个实训室，这些资源往往聚焦于专业人才培养计划中的某一特定职业岗位，限制了学生综合职业能力的培养。绝大多数国际贸易专业的校内实训室仅由教学软件和电脑组成，缺乏职业氛围。教学软件的设计大多基于专业教材，未能紧密贴合实际职业岗位的工作流程与具体任务，造成了理论与实践之间的脱节。校内实训室在实训材料的建设上存在明显不足，实践材料匮乏，难以满足学生进行大规模、高质量实训的需求，进而影响了实训效果与学生技能的提升。

在校外实习基地建设方面，相当一部分高校的国际贸易专业往往只建立了很少一部分国际贸易企业的校外实践基地。鉴于国际贸易企业通常只能接纳有限的实习生，国际贸易专业难以同时安排大批学生参与校外实习，制约了学生在业务操作能力方面的全面发展。

二、"双元育人，书证融通"人才培养运行条件的构建

（一）打造"双元双优"结构化教师教学创新团队

在高等教育领域，打造一支高素质的双师型结构化教学团队是提升人才

培养质量的坚实保障。随着人才培养模式的不断革新，特别是面对 1＋X 证书制度的新要求，教学团队需精准把握其先进理念，深度剖析职业技能等级标准，精心规划专业教学体系，以有效应对新技术、新技能不断涌现所带来的培训挑战。鉴于此，我们提出了"双元双优"教学团队建设模式，该模式的核心在于引入行业专家，使之作为兼职课程负责人与培训讲师，与学校内部的课程负责人形成"双课程负责人"的互补机制。高校还要聘请行业骨干担任创新创业导师，形成由学业导师＋创业导师构成的"双导师育人团队"，打造一支"双元双优"结构化教师教学创新团队。

在实践层面，我们采取了一系列具体措施以促进教师队伍的全面发展。例如，对专业群内的专任教师进行系统化培训，提升其职业教学能力和证书考试辅导能力；教师通过企业顶岗实践及与外贸业务专家的合作，进一步提升自身的业务实操技能。高校还可以从外贸从业人员中挑选拥有教育热情、丰富行业经验及资源的业务精英，组建一支规模稳定、结构合理的兼职教师队伍。校内专任教师与行业兼职教师共同参与人才培养的各个环节，形成深度融合的教学共同体。

1. 校内专任教师的培养

（1）职业教学能力的培养

从性质上来讲，高校教育既是普通高等教育又是职业教育，这一性质决定了高校教育有其自身的特点与规律。掌握高校教育的特点与规律对于广大高校教师来讲是至关重要的。基于此，国际贸易专业全面开展教师职教能力测评活动，通过相互学习、观摩、考评来提高教师的职教能力；与此同时，国际贸易专业派送骨干教师赴澳大利亚、德国、美国、加拿大等国家参加教育培训以及教育部高校骨干教师国家级和省级培训项目等专题培训，采用校内、校外培训相结合，国内、国外培训相结合，理论学习和实践锻炼相结合的"三结合"方式，帮助教师获取先进的教育理念，并让教师将之应用于教学工作中，使学院的教育教学安排更符合教育特点。

（2）考证培训能力的培养

国际贸易专业以"双元育人，书证融通"复合型技术技能人才培养模式为依托，探索财经类高校教育人才培养模式。在逐步深化人才培养模式改革的过程中，处理好"书"与"证"的关系是非常重要的。在构建与深化 1＋X

证书制度体系的过程中，学历证书与职业技能等级证书是不可或缺的两大要素，二者相辅相成，共同促进学生的全面发展与未来职业竞争力的提升。学历证书是学生实现终身学习的重要依托，职业技能等级证书是对学历证书的延伸。要使"书"与"证"能够有机融合，不仅需要课程、教材等方面的安排，还需要教师具备良好的考证培训能力。国际贸易专业可以派送多名教师参加跨境电商 B2B 数据运营和跨境电商 B2C 数据运营职业技能等级证书等师资培训，以加强教师对职业技能等级证书的认识与理解，提高教师对职业技能等级证书项目的把握能力，逐步培养、提高教师对考证的培训能力。

（3）业务操作能力的培养

在逐步培养教师职业教学能力及考证培训能力的同时，国际贸易专业还重视培养教师的职业素质与业务操作能力。国际贸易专业通过组织专门的职业素质、职业能力培训班的形式提升教师的商务职业素质，让教师的日常行为渗透商务职业素质，通过教师的日常行为无形地影响、教育学生，以起到"润物细无声"的教育效果。而对于教师外贸业务操作能力的培养，国际贸易专业组织校内专任教师与来自外贸企业及相关部门的行业专家建立"朋友式"结对的紧密型合作关系，通过"朋友式"结对这种新型的合作关系，提高校内专任教师对行业一线操作实践的把握准确程度与信息更新率，提高行业专家对高校教育的参与程度，提高行业专家对专业建设与教育教学改革的贡献度，提高行业操作一线实践与高校课内外教育的一致性。通过"朋友式"结对的合作方式，校内专任教师与行业专家将在信息沟通、业务指导、合作授课等方面加强联系，这将确保校内专任教师及时掌握行业一线操作实践中最新的变化、动态及相关政策、法规等的变化，保证教育教学的知识、技能更新程度，保证校内外教学与行业操作的一致性，缩小学校教育与行业操作之间的距离，切实推进"就业上岗零过渡"目标的实现。

2. 行业兼职教师的遴选

（1）逐渐建立外贸从业人员库

外向型经济的蓬勃发展不仅为国际贸易专业培养的人才提供了丰富的就业机会，更为国际贸易专业的人才培养过程提供了大量的业务专家资源。为此，国际贸易专业借助行业协会、学会及政府相关部门的协助与支持，逐渐丰富、充实外贸从业人员库，并以此作为行业兼职教师的来源库。

（2）确立行业兼职教师遴选标准

在众多的外贸从业人员中，国际贸易专业需要遴选出适合高校教育人才培养需要的业务专家，然后与之开展多方面、全方位的合作。为此，国际贸易专业确定了遴选行业专家的基本标准：主观上，行业专家热心教育事业，愿意参与高校教育的人才培养；客观上，行业专家具有丰富的行业资源、较长的从业经历、较强的业务能力。同时，国际贸易专业还根据人才培养过程的不同需要，将行业专家进行了多角度的划分，使行业专家参与到人才培养的不同阶段工作中。对于擅长培训的行业专家，请他们积极承担专业核心课程的教学工作；对于业务经验丰富的行业专家，请他们积极承担学生工学交替、岗位实习的指导工作等。

（3）逐渐形成合理的行业兼职教师队伍

根据确立的行业专家遴选标准，国际贸易专业有计划地培养、建立了一支数量稳定、结构合理的行业兼职教师队伍。所谓数量稳定，是指行业兼职教师队伍与校内专任教师队伍至少保证在 1:1 的水平上，依据这个比例确定行业兼职教师的数量。所谓结构合理，首先是指行业兼职教师的业务领域构成要基本覆盖外贸及相关行业的主要岗位，从事跨境电商 B2B 和 B2C 运营专员、销售专员和营销专员及其他相关岗位的业务专家力量均衡；其次，结构合理还指行业兼职教师参与的教学环节分布均衡，擅长进行工学交替指导、岗位实习指导、专业核心课程授课等各种教学活动的业务专家力量持平。

通过逐渐建立外贸从业人员库、确立行业兼职教师遴选标准、逐渐形成合理的行业兼职教师队伍三个步骤，国际贸易专业形成了一支积极参与教学活动的强大的行业兼职教师队伍，为教学服务于人才需求奠定了良好的师资基础。

在人才培养的策划与筹备阶段，"双元双优"结构化教师教学创新团队发挥了至关重要的作用，致力于岗位标准制定、专业教学标准优化升级、课程体系的科学构建以及教材的创新开发；在人才培养实施和评价阶段，"双元双优"团队共同开展备课、授课、评价和就业指导，构建"四合四同"运行机制；在授课环节，"双元双优"团队针对不同业务领域，主讲各自精专的项目模块，实施分工协作模块化教学，全面提升人才培养质量。

（二）打造"四位一体"教育实践教学基地

1. 建设"四位一体"高水平教育实践教学基地

（1）实战教学

国际贸易专业通过校企共建跨境电商实践基地，依托国际贸易专业国家教学资源库、杭州新制造产业带、全球知名第三方跨境电商平台、跨境电商教学软件和真实跨境电商店铺，基于跨境电商真实工作过程，融 VR、AR 等深度情景体验开展跨境电商实战教学。

（2）行业培训

国际贸易专业依托国际贸易专业国家教学资源库、跨境电商综合服务应用技术协同创新中心等，面向跨境电商企业员工开展业务培训；依托高校国际贸易专业骨干教师国家级师资培训基地、教育部师资联盟培训基地等，为全国高校教师提供教学师资培训，将基地建成员工培训及师资培训高地。

（3）技能鉴定

国际贸易专业面向跨境电商 B2B 运营、营销、销售、客服等岗位，跨境电商 B2C 运营、营销、采购、物流、客服等岗位，为校内外学生提供跨境电商岗位职业技能等级鉴定。

（4）创新创业

国际贸易专业与跨境电商企业的深度合作，共同孕育了品牌出海创业孵化中心。该中心依托大数据分析，助力中小企业搭建独立站，研发高效数字营销方案，并深入开展品牌运营。这一系列举措，不仅为中小企业提供了全面而深入的数字化转型解决方案，更为学生提供了实战演练与创新创业平台。在这里，学生们能够近距离接触市场前沿，将所学知识转化为解决实际问题的能力，切实提升创新创业成效。

2. 打造跨境电商综合实践平台

（1）能力提升基地建设

基于跨境电商业务工作过程，国际贸易专业要建设能支撑跨境电商 B2B 运营专员/营销专员、跨境电商 B2C 运营专员/物流专员等工作岗位的跨境电商 B2B 和 B2C 实践教学基地；为适应"云物大智"等新技术发展需要，国际贸易专业要建设能支撑跨境电商选品、市场调研、运营、营销等关键工作环节的数据采集、建模、数据分析与挖掘等可视化教学需要的跨境电商大数据分析中心，同时还建设了跨境电商新媒体营销中心和跨境电商 AI 物流体验中心。

为提升学生跨境电商创新创业能力，依托制造产业带，国际贸易专业建设了具有独立站开发、数字营销方案制作和整体数字化转型方案研发等功能的品牌出海创业孵化基地。

（2）素质养成基地建设

国际贸易专业建设了"一带一路"共建国家文化体验馆，展示"一带一路"沿线国家的历史、人文、风俗等；建设了数字国际贸易博览馆，展示数字国际贸易发展史；设置了知名跨境电商平台展示、数字国际贸易体验等功能区；建设了跨境电商达人素质养成空间，培养学生的跨文化素养、美学素养、数字素养等。

三、"双元育人，书证融通"人才培养模式的实施

国际贸易专业根据"双元育人，书证融通"复合型技术技能人才培养模式要求，在教学实施环节，通过"双元双优"结构化教师教学团队共同开展备课、授课、评价和创业就业指导等人才培养全过程。

（一）共同备课

国际贸易专业的专业核心课程均由校内专任教师与行业兼职教师两支队伍共同完成教学任务。任何一门专业核心课程都要由校内专任教师与行业兼职教师共同讨论、共同备课。双方依据既定的课程标准，规划并确立该项目所需达成的能力点与知识点要求，设计项目活动的具体实施载体。为确保教学内容与时俱进，双方都应密切关注行业发展的新动态，包括技术革新、政策调整及业务操作模式的更新，据此对项目活动载体进行适时的修订，融入行业最新元素，以满足业务发展的需求与标准。在此基础上，教师要结合授课对象的个体差异及授课场所的不同特点，进一步将项目活动载体所承载的能力与知识目标细化为具体而明确的工作任务，采用恰当的教学组织形式，确保教学目标的实现。在校内专任教师与行业兼职教师的联合备课环节，双方要充分发挥各自的专业优势，通过互补互鉴，实现教学内容准备与课堂组

织设计的双重优化与提升。这种合作模式不仅增强了教学的专业性与实效性，也为提升整体教学质量与效果奠定了坚实基础。

（二）共同授课

专任教师与兼职教师共同构建了一个以职业导向为核心，基于真实工作流程的项目化课程体系，它将专业核心课程的项目活动设计作为桥梁，凸显了学生在教学过程中的主体地位，将焦点对准学生职业能力的全面培育与职业素质的稳步提升。

在项目化教学的实施过程中，专任教师与兼职教师首先依据行业实际业务案例设计出一系列项目活动任务，随后将这些任务分配给学生。在学生的实践探索中，教师们要帮助学生逐步完成工作任务，捕捉学生在操作过程中的每一个细微问题，并即时进行反馈与总结。教师在亲自示范操作的同时，不仅要详尽阐述每项任务所蕴含的职业能力与专业知识，还要深入剖析学生独立完成任务的过程，力求在共性知识传授的基础上，促进每位学生个性化成长，既强化其职业能力，又提升其职业素养。

通过"双元双优"专业教学团队的紧密合作，一种集任务驱动、项目导向、教学做合一、教学空间与实训空间深度融合的教学模式应运而生。这一模式将职业能力的培养置于首要位置，辅以专业知识的补充与职业素质的全面提升，能够真正实现将学生培养成复合型数字国际贸易技术技能人才的目标。

（三）共同评价

在校内专任教师与行业兼职教师协作完成共同授课任务之后，校内专任教师依据行业兼职教师提供的实际业务案例素材，紧密围绕课程考核标准，构思并设计考核案例。这一过程注重模拟实际业务操作的情景，据此确立考核的具体形式，并合理分配考核要点，以形成初步的考核方案。随后，组织召开"双元双优"结构化教师教学创新团队的联合备课会，会上，双方教师针对业务案例的描述、考核任务的设置以及考核评价指标的设定进行深入讨论与审核，共同提出优化建议。校内专任教师负责根据这些建议对考核方案进行修订。修订完成后，双方教师填写"共同评价记录表"，并协同执行考核任务，确保考核流程既符合课程要求，又贴近行业实际。

以准备阶段开发的岗位标准、专业教学标准、课程标准为指导，校内专任教师与行业兼职教师共同完成职业导向的基于工作过程的教学实践。学生通过考核即意味着已经具备跨境电商 B2B、跨境电商 B2C 运营专员、销售专员和营销专员等岗位职业能力。

（四）共同指导就业创业

校内专任教师与行业兼职教师的合作不仅限于课堂教学的准备、实施及考核环节，还共同指导学生就业和创业等实践活动。专业群构建"学习即创业""学习即比赛""比赛即创业"的创新教学模式，通过融合课内课外、线上线下、校内校外资源的分段式培养，孵化创业团队，培养创业学生，提升学生的综合素质和创新创业能力。在学生掌握了跨境电商 B2B、跨境电商 B2C 运营专员、销售专员和营销专员等岗位业务操作所需要的各项能力，获得了对应的职业技能等级证书之后，还需要到相关外贸企业和跨境电商企业对应岗位进行岗位实习，在这个过程中，教师会对学生进行对应指导，帮助学生提升就业竞争力，实现顺利就业和优质就业。

四、"双元育人，书证融通"人才培养模式的推广

（一）"双元育人，书证融通"人才培养模式的可推广性

1. 建设理念的可推广性

国际贸易专业以职业导向为建设理念，坚持工学结合的人才培养方向。该建设理念是当代高校教育的先进理念，以培养学生职业岗位所需的知识、能力、素质为衡量教育质量的重要指标，打破了原有学科体系下的评价体系，突出了高校教育培养目标的高素质、应用型的特点，具有可推广性。

2. 建设思路的可推广性

国际贸易专业在"双元育人，书证融通"人才培养模式建设过程中，首先要明确市场需求，进而寻求有效载体实现市场需求向人才培养过程的转化，然后为该转化过程明确运行保障，提供制度支持。该建设思路符合人才培养

模式建设的规律，具有一定的科学性和可推广性。

3. 建设条件的可推广性

国际贸易专业"双元育人，书证融通"人才培养模式明确了课程体系、教师教学创新团队、实践教学基地三项建设条件，这三项条件作为实现职业导向的高校教育建设的重要条件，是各院校同类专业建设的重点所在。这三项条件的实现，将是高质量教育的保障。各院校同类专业在这三项条件的建设过程中实现程度可能存在差异，但建设方向应该是一致的，所以，应对该模式的建设条件重要性给予认同，达成虽然各有困难，但在一定程度上实现却并非不可能，所以该模式的建设条件同样具有可推广性。

4. 建设过程的可推广性

国际贸易专业明确岗位需求，开发岗位标准，重构课程体系，修订专业教学标准，制订课程标准，实行项目教学改革，工学交替、认识实习和岗位实习。这一建设过程，依靠校内外专、兼职教师队伍，充分利用了校内外实践教学基地，建设过程有理可循，有章可依，具有可推广性。

5. 建设成果的可推广性

国际贸易专业在"双元育人，书证融通"人才培养模式的建设过程中，开发了外贸业务员、外贸跟单员、外贸单证员、跨境电商 B2B 运营专员等岗位标准，修订了国际贸易专业教学标准，设计了"进出口业务操作""外贸单证操作""跨境电商 B2B 运营"等 24 门核心课程的课程标准，形成了一系列体现工作流程的新形态一体化项目教材，总结提炼出"双元育人，书证融通"人才培养模式。这一系列的建设成果对国内其他院校的国际贸易专业建设均有一定的借鉴意见，具有可推广性。

（二）"双元育人，书证融通"人才培养模式的推广建议

1. 政府层面

一方面，加强党的全面领导，深入挖掘地方政府和社会力量，吸引社会

资本、产业资金投入，组织对应岗位领域的行业、企业专家和教育教学专家，共同开发岗位职业标准；另一方面，深化国家教育改革 1+X 证书制度试点，使之科学、规范、有序发展。强化政策扶持开发岗位职业标准，深化 1+X 证书制度试点，促进技术技能人才培养培训模式和评价模式改革，为实施国际贸易专业"双元育人，书证融通"人才培养模式解决了前提条件。

2. 学校层面

（1）整体理念

在学校层面，首要任务是引导国际贸易专业深化市场调研工作，以清晰界定人才培养的具体目标与方向。随后，依据相关行业岗位的职业资格标准，将必要的职业认证项目纳入人才培养策略之中，确保教学内容的实用性与前瞻性。学校应致力于构建基于工作过程的系统化课程体系，并配套编纂符合此体系的专业教材，同时加强职业导向型校内实训基地与校外实践基地的建设，组建"双师型"教师团队，促进教学模式革新，全面推动教育教学改革深入实施。这是成功实施国际贸易专业"双元育人，书证融通"人才培养模式的关键和核心。

（2）设计思路

学校在采用"双元育人，书证融通"人才培养模式进行专业建设和人才培养时，要遵循系统性、开放性、职业性和实践性等原则。

① 系统性

人才培养是专业建设的魂，是主线，一定要围绕这条主线进行人才培养的系统设计：首先确立培养什么样的职业人才，配备相应的专业课程体系和双师结构的教学团队，然后建设对应岗位职业环境的校内外实践教学基地，开展符合企业和职业实际情况的人才培养方法，从而最终培养出符合专业定位的职业人才。

② 开放性

人才培养应该是开放的，是面对行业、企业、社会的。校企合作应该体现在人才培养的全过程：校企双方要共同确定人才培养定位，共同开发专业教学标准，共同确定课程教学内容，共同开发教学资料，共同进行备课、授课、评价，共同建设校内外实践教学基地，共同指导工学交替、认识实习和岗位实习。

③ 职业性

人才培养要体现职业性，全方面融入职业要素：人才培养要对应职业岗位，人才培养规格要对应职业岗位标准，师资队伍要充实行业优秀职业人，专业课程要有明确的职业岗位培养目标，校内外实践教学基地要充分营造职业氛围，教学运行要融入职业角色。

④ 实践性

人才培养要重视实践性：高校专业人才培养应以提升学生的职业能力为本位，教学过程中应以学生为主体，强化校内实训、工学交替、认识实习和岗位实习等实践教学环节，进行仿真训练、实战训练，让学生在校内外实践教学基地可以有更多机会进行实践操作，以培养高技能的职业人才。

3. 企业层面

对于企业而言，首先要树立正确的产教融合与校企合作观念，积极投身于高等院校的职业技能人才培养过程，这不仅是企业履行社会责任的重要体现，也是企业自身发展储备高质量人才的战略选择。此外，企业还需不断提升其在校企合作领域的综合能力，为学校提供更加灵活多样的工学交替机会以及高质量的岗位实习岗位。这是实施国际贸易专业"双元育人，书证融通"人才培养模式的强有力支撑。

第二节　"课堂—论文—竞赛—社会实践"联动的人才培养模式

从市场需求出发，可以将国际贸易专业人才分为两大类：一类是专注于理论探索的学者型人才，他们致力于全球价值链的深度剖析、区域经济与贸易合作的创新性理论研究；另一类是实务操作型人才，他们投身于进出口贸易的具体操作流程、商业谈判等一线实践工作。当前国际贸易专业的人才培养依然倾向于传统理论教学，对学生运用理论工具分析复杂贸易问题、灵活应对贸易实务中突发挑战的能力培养上显得不足，难以满足社会对于既具备深厚理论素养，又精通实际操作技能的复合型人才的需求。面对全球经济新秩序的构建以及国际贸易政策的不断革新，如何把握这一历史契机，对现有国际贸易专业的课程体系、教学方法及实践环节进行系统性优化，提升创新型人才的培育质量，成为教育领域亟待解决的关键课题。构建一个基于课堂理论学习、学术论文研究、专业技能竞赛、广泛社会实践四位一体的创新人才培养模式，不仅是对教育理念的革新，更是主动适应国际贸易领域对人才素质新要求的战略选择。

一、四维联动国际贸易创新人才培养模式的特色

（一）梯度学习循序渐进

四维联动模式秉承由"学习"迈向"应用"的核心理念，着重实施从认知到实践，再回归认知的学习路径。对于大一学生而言，首要任务是筑牢学科基础，全面掌握各类机制原理，积极利用教师提供的资源，通过互联网平台、公众号等多元化渠道，广泛涉猎并拓展理论知识体系。进入大二、大三后，学生要通过参与学科竞赛、科研实验等理论应用导向的实践项目，深入探索学科前沿动态，初步积累创新创业所需的资源与实战经验。大四学生要以社会实践项目为主，进行一系列综合性的回顾反思及总结归纳。这种分时段的梯度式学习，旨在确保学生在不同知识积累阶段都能获得与之相匹配的实践锻炼，从而有效实现从理论认知到实践操作，再由实践经验反哺理论理解的完整循环。

（二）知识体系融会贯通

学科竞赛与科研项目积极倡导学生加入国际贸易实验室、研究团队以及科研课题组，促使学生深入理解国际贸易专业课程间的内在逻辑与整体框架，从而在脑海中构建起清晰、系统的专业知识网络。在项目的实施过程中，学生被分为若干学习小组，共同攻克难题。这种团队合作的模式不仅锻炼了学生的沟通交流、组织协调能力，还强化了他们在复杂情境下的团队思维与决策能力。通过个人独立学习与团队协作，学生能够在不断学习与实践中成长为既有深厚学术底蕴，又具备前瞻视野与创新能力的复合型人才。

（三）全面提升创新素养

在四维联动模式下，创新创业素质的培养贯穿于学生成长的每一个阶段。

课堂为学生提供了坚实的创新基础；论文撰写促使学生深入思考；通过参与学科竞赛与岗位实习，学生可以明确个人发展的方向与重点。理论与实践的相互滋养，不仅推动了实践领域的不断进步，更为理论的持续创新提供了不竭动力。

二、四维联动国际贸易创新人才培养模式的内容

（一）课堂——理论学习为主，信息科技为辅

在国际贸易创新型人才培养框架内，课堂教学是其不可或缺的基石。缺乏坚实的课堂理论根基，任何后续的实践探索都将难以进行。因此，构建一个以理论学习为核心，辅以信息科技手段的教学体系显得尤为重要。

理论学习可以分为两个层次。第一，构建全面而深入的课程理论体系。以基础性经济学课程为起点，如宏观经济学、微观经济学等，其内含的理性人假设、边际效用理论、生产者及消费者行为理论、希克斯-汉森模型（IS-LM模型）等核心概念，为学生后续深入学习国际贸易专业课程奠定了坚实的理论基础。随着学习进程的推进，大二、大三阶段应逐步引入国际贸易专业的核心课程，如国际经济学、国际贸易理论基础、国际结算与实务等，同时穿插金融学、基础会计学、财政学等课程，以拓宽学生的知识视野。鉴于当前高科技贸易的快速发展，加强跨境电商、数字贸易等新兴领域的理论教学成为必要之举。针对不同地区高校的特点，因地制宜开发具有地方特色的国际贸易课程，也是提升教学质量、增强学生就业竞争力的有效途径。总体而言，课程体系的持续优化与更新，是适应时代变迁、培养创新型人才的关键。第二，强化课堂情景学习法的应用。国际贸易作为一门应用导向性学科，其理论学习需与实际操作紧密结合。通过模拟外贸流程中的不同角色，如进出口商业务员、国内供应商等，让学生在角色扮演中亲身体验贸易磋商、函证处理等关键环节，从而加深对理论知识的理解与掌握。当前，数字化已成为企业发展的必然趋势，这促使课堂情景教学也必须向数字化转型。利用机房模拟实验室等现代教学设施，让学生在虚拟的数字贸易环境中模拟操作，不仅能够提升其实践能力，还能培养其适应贸易环境变化的能力。

信息科技应贯穿于课堂教学的全过程，帮助学生提高自主学习能力，强

化师生及学生之间的交流与互动。预习阶段，教师要积极搜集并整理最新的专业资料，选择与课程紧密相关的案例与思考题，通过社交媒体平台（如微信群、QQ 群）提前发布给学生，为学生预留充足的思考时间，通过设立激励机制，鼓励学生主动预习，增强学生的学习动力。授课阶段，高校信息化教学日益成熟，多媒体教学已成为常态。教师要利用先进的多媒体设备展示案例视频，结合 PPT 课件，有效激发学生的学习兴趣，提高学生的课堂注意力。未来高校可以着重建设模拟实验室，使学生能够在课堂中亲身体验大数据、云计算等前沿技术在贸易实践中的应用，这将进一步提升教学的直观性和实效性。复习与拓展阶段，课后的及时反思与总结是巩固学习成果的关键，通过构建资源共享平台，教师可以上传经典案例、微课视频、政策法规及行业动态等补充材料，为学生提供丰富的课外学习资源。同时，教师还可结合时事热点设置讨论题目，引导学生运用所学知识进行深入分析与讨论，鼓励学生提出自己的见解，并在平台上分享交流。这些互动不仅促进了知识的理解，还培养了学生的批判性思维能力和团队协作能力。此外，教师可以将学生的讨论记录以文件形式保存，以便在后续的科研活动从中获取灵感。信息科技在辅助教学中的应用，不仅丰富了教师的教学手段与策略，还为学生提供了更加丰富多样的学习途径和资源，有助于构建更加完整的知识体系，提升学习效率与效果，最终促进学生综合素质的全面发展。

（二）论文——夯实理论基础，提升创研能力

论文研究成果是基础理论向科研创新实践转化的直观体现，其核心理念是通过梳理学院教师承接的多层次产学研项目，筛选出若干既能契合教学需求，又能激发学生创新和研究潜能的驱动型项目。在学生投身于这些科研项目并最终将其转化为学术论文的过程中，一方面能够不断深化自身对课堂所学基础理论的理解与反思，实现理论到实践的跨越，提升自身提出问题、分析问题、解决问题的能力以及应用性创新能力；另一方面，通过教师的引导，学生可以深入了解理论发展的最新动态，思考理论生成的历史背景、对当时社会经济的适用性，以及对未来发展趋势的预测。此类知识的引入与拓展，不仅可以丰富学生的知识体系，还可以培养其创新思维。

从具体实施策略上而言，学院采取主动发布信息的方式，能够使学生全面了解院内科研项目的分布情况，鼓励他们根据个人兴趣与职业规划申请加

入课题组。在此过程中，教师会根据学生的兴趣偏好与学科优势，分配既具挑战性又符合学生知识水平的子课题任务。学校要注重对学生团队协作能力的强化，鼓励同级学生之间高效协作，同时促进跨年级、跨学历的学术交流与合作。学生要积极倡导并实践一种以学生为中心的教学模式，鼓励学生勇于提问、敢于质疑，并展开深入辩论。学校要在交流互鉴中鼓励学生以独立或团队协作的形式，投身于课题研究与科研论文的撰写及发表工作中。这一系列实践活动，不仅提升了学生的项目设计构思能力与文献深度解析能力，还可以使学生体会到团队合作的重要性。

教师主导的科研课题是学习与研究的基石，学生在参与课题研究的过程中，可以提高自身的方案设计能力、对文献的广泛阅读与批判性分析能力。这一过程不仅加深了学生对国际贸易研究及相关领域的认知与理解，更激发了学生对科学研究的兴趣与探索欲望。通过科研实践的历练，学生学会了如何有效地提出问题，并增强了自身分析与解决问题的能力，这些技能对于其未来学术与职业发展均具有深远影响。

（三）竞赛——体验模拟场景，强化应用能力

学院采用政策激励机制，激发学生参与国际贸易学科竞赛的热情，旨在通过竞赛增强学生在贸易实务学习上的内在动力，深化学生对国际贸易实务、国际结算、商务英语等核心课程理论知识的理解和掌握，强化理论与实践之间的融合与贯通。

当前，我国国际贸易教育领域涌现出一系列备受瞩目的全国性学科竞赛，诸如全国高校商业精英挑战赛、国际贸易单证大赛、全国大学生外贸从业大赛以及跨境电商创新创业能力大赛等，均为学生提供了广阔的竞技与实践平台。其中，全国高校商业精英挑战赛尤为突出，已成长为基于校企合作模式的、规模最大的综合性实践教学与竞赛活动，引领着国际贸易教育的发展潮流。该赛事设计了知识竞赛与实践竞赛两种方式。知识竞赛以个人形式展开，采用线上答题方式，聚焦于国际贸易业务流程中国际结算等关键知识的考查，既是对学生理论学习成效的检验，也促使学生深入理解和掌握这些知识。实践竞赛以团队形式进行，参赛队伍由通过知识竞赛选拔的选手组成（每队约6~10名选手，配备1~2名指导教师），扮演出口商角色，针对日用消费品、轻工艺制品及电子产品等特定商品展开系列活动，包括编制参展计划书（中

文）、设计展位海报与商品陈列、组织新产品发布会、进行商贸配对与贸易谈判，全方位模拟出口企业的实际运营流程。在此过程中，学生需从企业策划管理的高度出发，规划并执行一系列展示与推销活动，这不仅锻炼了学生的项目管理能力，还让他们亲身体验了"路演"这一市场推广策略的实际操作，学会如何在有限时间内高效传达产品信息，吸引买家注意。此外，贸易谈判环节更是对学生谈判技巧与业务熟练度的直接考验，从询盘到发盘、还盘直至最终接受的全过程，让学生在实际操作中加深了对国际贸易流程的理解与掌握。通过参与此类高水平学科竞赛，学生不仅能够巩固已学到的理论知识，还能提升实践能力与职业素养，为未来的职业生涯奠定坚实基础。

（四）社会实践——推进校企联合，增强综合素养

当前教育体系下，教师侧重于向学生传授基础的国际贸易理论知识，教学内容以书面形式为主，通过各类竞赛活动来增强学生的实践操作能力。这一培养路径虽有一定成效，但在全面塑造学生职业素养与实战能力方面仍存在局限。学生对于外贸行业的真实工作环境体验匮乏，难以在模拟情境中深刻感受并有效应对外贸任务中的复杂多变因素。鉴于此，为培养出既掌握扎实理论知识又具备卓越实践能力的国际贸易领域创新型人才，高校亟须探索并实施更为有效的教育策略。其中，深化校企合作机制，强化学生的社会实践环节，成为解决上述问题的关键路径。

1. 企业与校方合作提供实践基地

在构建有效的实践教学体系过程中，首要任务是选择适宜的实习基地。内陆城市中，专业的外贸企业相较于沿海区域较为稀缺，多数以外贸部门形式存在，其承载能力对实习生数量构成限制。此外，鉴于商业信息的敏感性，企业出于保密原则，往往限制实习生深入业务核心，导致学生难以进行实质性参与，进而影响实习效果。因此，当前，不少高校国际贸易专业的校企合作实践存在形式化倾向，合作协议签署后，缺乏翔实的合作规划与执行策略，难以构建既具深度又具广度的多维度合作框架。

鉴于此，需从两个方面着手改进：一是强化以高校与企业为核心的双驱动模式，积极吸纳并协调多元利益主体，构建一个集信息交流、资源共享于一体的校企合作信息平台。校企合作的利益主体涉及企业、高校、学生、政

府、行业协会、学生家长等，该平台可由地方政府主导，行业协会辅助共同搭建，通过全面整合各方需求，激发各主体参与热情，构建长期稳定、互利共赢的合作生态，促进人员配置、活动安排等信息的透明化，降低沟通成本，提升合作效率，促进资源的优化配置与高效利用。二是通过政府立法、校企签订协议，激发企业的合作动力。政府层面，首要任务是完善相关法律法规，清晰界定政校企三方的权责边界；同时，利用多元化校企合作平台，优化资源配置与利益分配。此外，政府还应推出财政激励政策，设立校企合作专项基金、实施税收优惠政策等，以经济杠杆促进合作深化。校企双方则需通过正式协议明确实习生的工作范围，精准把握企业敏感信息与学生实践需求之间的平衡点，确保实习活动既符合商业保密原则，又能有效提升学生的实践能力。

2. 高校促进"双师型"教师培养

在当前高等教育体系中，国际贸易专业的师资队伍以中青年教师为主体，这一群体多数为典型的"学院派"学者，他们的职业轨迹往往是从校园到校园，鲜有机会深入外贸行业一线，实战经验普遍匮乏。高校之中具备外贸实战经验，能够即时掌握行业动态并有效融入教学的教师资源稀缺。国际贸易专业作为一门实务导向性较强的学科，其教学成效很大程度上依赖于教师是否能将理论知识与实际操作紧密结合。然而，当前不少教师因缺乏实践背景，授课内容往往难以精准对接外贸岗位的实际需求，尤其在激发学生的创新思维、指导创业实践方面，可能存在内容空洞、覆盖不全或指导方法不够科学的情况，进而制约了学生实践技能的全面提升，对培养具有国际视野和创新能力的国际贸易人才构成了障碍。同时，合作企业中的行业专家虽然身处一线，实战经验丰富，但他们在进入大学教学环境时，往往面临教学理论与方法上的挑战，难以迅速适应并有效传达知识。

因此，构建"双师型"教师队伍具有重要意义。这类教师不仅要具备深厚的专业理论功底和多元化的教学手段，还需熟练掌握专业技能并拥有丰富的实践经验，能够在教学、科研与业务实践之间灵活转换，是推动专业教育与企业需求对接的关键力量。高校应积极探索多元化的人才引进途径，拓宽"双师型"教师的来源渠道，可以积极吸纳具备国际贸易领域实践经验的专业人士加入教师队伍，让他们直接参与实践课程的讲授，确保教学内容与行业需求高度契合。同时，针对校内现有教师，应建立健全"双师型"教师激励体系，包括优化职称评定与晋升机制，提高对教师实践能力的评价权重，适当调整科研与实践活动的评价标准，在经济上给予"双师型"教师更为合理的课酬待遇，以此激发教师提升自身"双师"素质的内在动力，为国际贸易专业的可持续发展奠定坚实的人才基础。

3. 学生自主总结理论与实际联系

对于学生而言，如何高效利用学校与企业提供的实践场所，促进个人成长与能力提升是一个重要课题。为了有效提高学生实践学习的成效，高校需要建立一套系统化的前中后期管理模式。实习前期教师要进行充分动员，为学生提供前瞻性的引导与建议，包括如何在陌生的工作环境中迅速适应，如何设定明确的实践目标以促进自我技能的提升。实践中期教师要实施定期的跟踪检查与过程报告机制，要求学生对自己在实践中的所见所闻、所学所得进行翔实的记录，学校或企业导师需积极参与，与学生一同分析这些问题，探讨解决策略。实践结束后，教师应要求学生撰写并提交实习报告，在报告中，学生应详细阐述自己的收获、遇到的挑战、解决问题的方法，以及实践成果与预期目标的对比，深入反思理论与实践之间的差异及其根源。通过这样的总结与反思，学生能够更加清晰地认识到自身的优势与不足，为未来的职业生涯规划奠定坚实的基础。

第五章

新时代国际贸易专业的
创新型人才培养

随着国内的供给侧结构性改革持续进行，经济结构进一步优化，全球生产网络布局不断完善，世界经贸合作程度逐渐加深。本章主要介绍新时代国际贸易专业的创新型人才培养，包括双循环格局下国际贸易专业的创新型人才培养、数字经济时代国际贸易专业的创新型人才培养以及基于市场导向的应用型国际贸易专业人才培养。

第一节　双循环格局下国际贸易专业的
创新型人才培养

新形势下，以习近平同志为核心的党中央提出要"加快构建以国内大循环为主体、国内国际双循环相互促进的新发展格局"[①]。该战略的提出有力促进了我国对外贸易的发展。据我国海关的统计数据，2023 年我国货物贸易进出口总值 41.76 万亿元，高水平开放稳步推进，新平台新业态发展势头良好。

在国内国际双循环新发展格局的背景下，如何稳固与增强当前的外贸发展成果，已经成为业内外关注的焦点。这揭示了我国国际贸易行业对于

---

① 新编党员教育管理工作手册编写组. 新编党员教育管理工作手册 ［M］. 北京：党建读物出版社，2022.

人才培育的新需求。因此，本书将深入探讨在"双循环"格局下，如何培养国际贸易领域的创新型人才，以促进经济建设的进步。我们将从多个角度出发，探讨人才培养的方向与方法，以期为行业提供新的思路与启示。

一、"双循环—国际贸易发展—专业创新型人才培养"相互促进

（一）双循环带动国际贸易发展及其专业创新型人才培养

双循环新格局的提出，彰显了党在时代巨变中的战略规划，构建了内外双循环相互增益的新态势。此格局虽以国内循环为主，却非闭关锁国、封闭发展。相反，国内循环需要更高层次的开放性和国际循环作为支撑，以实现更广范围、更深层次的发展。

国内循环通过优化供给结构，实现了生产要素的高效配置，有效提升了生产企业的产品结构。同时，以刺激内需、扩大总需求为目标的国内经济循环，不仅激发了国内市场的活力，还为国内流通领域注入了新的动力。这些举措为我国的进口贸易提供了坚实的支撑和基础。

随着中国对外开放程度的不断加深，国内循环的效率和品质得到了显著提升。这一进步不仅推动了国内经济的持续发展，还为中国的外部循环提供了更广阔的发展空间。内外循环相互促进，共同构建了一个新的格局，即内贸与外贸相互促进，国内与国际循环相互提升。这一"双循环"格局极大地促进了生产、技术、教育等多元要素的流动和循环，为外贸行业从业者带来了前所未有的发展机遇和资源环境。与此同时，人才也在双循环格局的深化改革中扮演着举足轻重的角色。适应企业和市场需求的贸易人才，在更大范围内推动了国内外的流通与发展。值得注意的是，传统的外贸人才已无法完全满足当前贸易的需求。双循环格局下的贸易流通，更需要那些具备创新思维的复合型人才。这些人才将成为推动双循环格局向更高水平、更开放方向发展的关键力量。

（二）国际贸易专业创新型人才助力深化双循环新格局

高质量的国际贸易专业创新型人才对于双循环的稳健进步具有极其重要的意义。在双循环新格局中，这类人才不仅为国内国际双循环提供了智力保

障，还为双循环注入了强大的人力资本动力。此外，他们还能够提升我国在全球产业链中的地位，促进我国产业的国际竞争力。特别是在当前世界经济一体化和全球化趋势日益加强的背景下，复合型的国际贸易人才正成为产业发展的关键支撑。突发公共卫生事件等新形势的变化催生了对现代国际贸易专业人才的多维度、创新性的需求。这要求人才不仅要具备专业的国际贸易知识，还需具备创新意识和跨文化交流能力。

在内贸和外贸共同发展的大背景下，新型国际贸易人才需要进一步稳固国内市场的根基，凭借其专业素养和技能，推动国内企业向专业化迈进。同时，他们应秉持创新创业的开拓精神，助力我国企业走向国际舞台，实现品牌化发展。培育兼具国际与国内双重视野的高素质国际贸易人才，将对中国与世界的经贸合作起到重要的推动作用，使之更加开放、自由、多维。此类人才不仅能在国内市场站稳脚跟，还能在全球市场崭露头角，这对于深化双循环经济新格局具有重大意义。

二、双循环格局下的国际贸易人才培养趋势

（一）对创新型外贸专业人才的需求

随着时代的进步与科技的飞速发展，政府与企业对研发的投入持续增加，且重视程度也日益提高。然而，目前创新型人才的需求仍存在巨大的缺口。这种人才短缺现象可能导致企业在产品研发上与市场脱节，进而导致产品创新不足以及市场竞争力的减弱。因为知识创造是国家和企业发展的基石，而它本质上是新型人才的创造力。特别是在国际贸易领域，随着外贸行业的蓬勃发展，对外贸创新型人才的要求也日益提高。这类人才需要具备三种核心创新能力：其一是创新思维与能力，他们需要在贸易领域中提出新颖的想法和策略，以适应不同市场和目标人群的需求；其二是知识与管理创新能力，他们需要不断学习新的技能和知识，尤其是数字化贸易方面的知识，以满足行业发展的需求，并能将跨领域的知识和技能融合，以实现高效决策；其三是实践创新能力，他们应具备强烈的市场创新意识，对国内外商机保持敏感度，能够迅速捕捉甚至创造市场需求，并有效开展市场调研、客户服务、贸易营销等活动，同时具备国际国内市场推广和应用的能力。

（二）对创业型外贸专业人才的需求

创业型外贸人才是指具备专业知识的个体，他们能够独立创新商业模式，从而获得可观的经济回报。目前，我国外贸企业普遍面临管理模式僵化、技术手段滞后和竞争力不足等问题。因此，企业急需引入新型的创业型外贸人才，以为企业发展注入新的活力和创新力。这些人才的加入将有效激发企业的生命力和竞争力，使之在激烈的市场竞争中更具优势。

创业型外贸人才是那些能够根据国际市场的需求和竞争态势，灵活运用各种经营策略和手段，不断为企业开拓新领域、新市场的人才。随着中国与世界各国及地区之间的贸易合作日益加深，一系列经贸合作组织如雨后春笋般成立，如东盟自由贸易区就是其中之一，而"一带一路"倡议更是国家间合作的重大举措。这些合作组织的共同目标之一是推动民族工业的发展。因此，培养适应国家工业发展需求的创业型人才显得尤为重要，他们是推动民族工业发展的关键因素。因此，当前我国外贸行业急需创业型外贸专业人才，这类高级应用型人才在国际贸易领域中发挥着举足轻重的作用。

（三）外贸人才需求层次多元化

近年来，我国外贸企业展现出多元化的发展趋势。这得益于我国拥有各式各样的外贸企业，从大型到中小型，规模不一。由于外贸公司种类繁多，因此对国际贸易专业人才的需求也呈现出多样化的特点。对于那些规模宏大、业务覆盖广泛、专业分工精细的大型外贸企业来说，他们更倾向于招聘具备高水平的贸易理论知识、精湛的操作技能以及卓越的专业素养的国际贸易人才。这些人才需要具备业务精细化和专业化的能力，是高端型国际贸易人才。而对于中小型民营性质的外贸企业而言，虽然企业规模较小、经营范围相对有限，但他们更看重的是人才的综合外贸业务操作能力。除了专业知识技能和实践操作能力外，企业还非常重视具有一定资质的职业资格和职业技能证书的人才，这种类型的人才也被称为一般国际贸易人才。这种多元化的企业人才需求，为培养复合型国际贸易人才提出了新的要求。因此，对于国际贸易专业人才的培养，我们必须与时俱进，以满足市场的多样化需求。

三、国际贸易专业创新型人才培养面临的挑战

（一）创新创业型国际贸易人才培养的挑战

在如今的全球化时代，国际贸易人才成为各国企业参与国际竞争的核心力量。针对这一类人才的培养，已成为各国推动教育现代化和建设创新型国家的重要一环。特别是在当前双循环经济背景下，培养具有创新精神和创业能力的国际贸易专业人才显得尤为重要，这不仅关系到国家的经济实力，也是提升国际竞争力的关键。然而，我们也不得不正视目前在这一人才培养过程中存在的问题。其中最显著的问题是，我国高等教育在培养学生创新创业精神和能力方面存在明显不足。许多高校尚未构建起完善的国际贸易创新创业人才培养体系，仍停留在传统的教育模式上。尽管国际贸易学科具有实践性的特点，可以融入创新创业人才培养的内容和策略，但常规的教学体系却与创新创业人才的需求存在较大差距，无法充分发挥其在培养创新创业人才方面的重要作用。此外，培养学生创新能力的方法和手段相对单一，实践教学环节的有效投入也显得不足。目前，各高校的教育方案仍以传统的专业理论和文化课程学习为主，缺乏与企业的有效衔接，无法进行有针对性的教学方法改革。这导致实践教学资源的投入不足，进而影响了高校在培养学生创新能力方面的效率。因此，当前的人才培养模式无法满足双循环格局下对创新型国际贸易人才的需求。只有解决了上述问题，我们才能培养出适应时代需求的、具有国际竞争力的创新创业型国际贸易人才。

（二）复合型国际贸易人才培养的挑战

在国内外市场环境中，企业的专业化发展迫切需要复合型国际贸易人才作为支撑。这类人才不仅可以满足多种性质和不同规模的外贸企业的人才需求，他们更是推动企业发展的重要力量。全国高校在国际贸易人才的培养上，通常采取学术和应用两个方向。在以市场需求为导向的今天，应用型的实践操作能力成为复合型贸易人才培养的核心。这不仅仅包括对国际贸易理论的学习，还涵盖了国际企业管理知识的培养。除了熟练掌握贸易领域的核心能

力，这类人才还需拓展与专业相关的多元技能。例如，他们需要具备与外国客户流利沟通的语言能力，能够理解和应对不同区域、国家间的文化差异。此外，了解不同国家、不同行业的政策、市场和竞争对手的动态也是必不可少的。面对当前商务业态的新变化，复合型国际贸易人才还应具备跨领域的知识和技能，如电子商务方面的专业技能和知识。这要求高校在培养过程中，不仅要注重经济贸易理论的传授，更要加强对学生多语言交流能力、异域文化理解能力、企业管理和电子商务等领域的实际操作能力的培养。然而，从当前情况来看，多数高校在国际贸易人才的培养上仍存在一些问题，如培养目标过于同质化，培养方案缺乏创新，导致所培养的人才无法完全满足双循环格局下国际贸易的需求。因此，高校应积极调整培养策略，以更好地适应国际贸易的新需求和新变化。

四、双循环格局下加快培养新型国际贸易专业人才的对策

（一）科学构建国际贸易专业人才培养体系

在双循环发展模式下，企业对国际贸易人才的需求更加全面与复杂。针对这一现状，高等院校的人才培养目标应当主动呼应商贸产业的现实需求，建立起一个逻辑严密、目的明确的实践型国际贸易人才培养框架。针对贸易人才的特性，高校应构建以企业需求以及应用与就业为导向的教育观念。同时，高校可设立专门的创新与创业支持机构，搭建教学平台，将创新与创业的理念及方法有效传递给师生。与专业教师合作，将创新教育内容融入当前教学体系之中，提供全方位的资源支持，以强化学生创新创业能力的培养。这一系列举措，不仅可以提升学生的专业技能，也能为他们的未来发展提供坚实的支撑。

高校可以对国际贸易专业的教学内容和课程体系进行优化，以增强其实用性。一方面，通过案例教学，以贸易行业中真实存在的问题作为教学案例，引导学生积极参与课堂讨论，这样不仅加深了学生对所学专业知识的理解，也锻炼了他们的思考、分析和解决问题的能力。另一方面，我们可以进一步拓展课程的"两性一度"，即强化其高阶性、创新性和挑战度。在巩固国际贸易基础知识和技能的基础上，我们通过设计更高层次的课程内容，从广度和

深度两个方向拓展课程，这样不仅可以培养学生的系统性思维，还能够激发他们的批判性思维，从而提升学生的创新能力。

高校应灵活利用现代智能教学方法辅助教学。各个高校之间可利用慕课、在线课堂等途径共享优质课程资源，促进学术交流。同时，高校与企业可携手开展远程教育和培训，为课堂提供多元化的视角作为补充。此外，高校可借助外贸仿真实验等智能平台，为学生打造一个逼真的商业贸易环境，为他们提供沉浸式、互动式学习体验。这样不仅能提升学生的实践能力，还能激发他们的创新创造能力。

（二）通过人才交流培养创新型国际贸易人才

在全球化背景下，双循环发展格局对国际循环提出了新的要求。这要求高校必须积极与国际接轨，使国际贸易人才的培养能够与全球标准接轨。国际循环不仅加速了国际人才要素的流通，也为学生们提供了更多接触世界的机会。同时，这也为高校引进国际优质教育资源创造了便利条件。同时，内循环的实现也需要高校与国内其他组织的参与，如企业、学校等进行紧密合作，实现人才"内循环"。资源丰富的高校可与国内外相关院校和机构建立稳定的人才交流机制及平台，这不仅能够促进创新型人才的双向流通和互换，还有助于推动创新创业型国际贸易人才的"引进来"和"走出去"。具体而言，高校可利用交流机制与平台，吸引国内外创新创业型国际贸易人才，实现与各类组织或机构的互利共赢，从而丰富学校国际贸易创新人才的师资储备。此外，借助这一平台，高校还可以推动更多创新创业型国际贸易人才"走出去"，与国际接轨。为进一步强化人才培养与创新创业实践的结合，高校可与国内外院校等机构开展联合招生、共同培养等合作模式，为国际贸易人才"走出去"提供更多机会。这样不仅能够培养更多具备国际视野的创新创业人才，还能为将创新创业优势转化为经济优势打下坚实基础。

（三）通过校企合作培养复合型国际贸易人才

在双循环的贸易框架下，国际贸易人才必须对国内外两个市场有深入的了解。市场的复杂性要求复合型外贸人才具备解决复杂问题的能力。由于各行业对外贸人才的需求差异显著，国际贸易专业的毕业生需要具备特定行业的背景知识。学生不仅需要全面掌握当前行业的发展状况，还需对未来的发展趋势有所预见。为增强国际贸易人才对行业和市场的认知深度，高等院校可采取协同创新的策略，构建一种校企协同育人的新机制。这一机制可通过邀请国际国内贸易公司的专业人士进入课堂授课，实施校企联合培养，以及建立实习基地等方式实现。这些举措不仅丰富了高校课程资源，优化了课程设计，还拓展了课程知识体系，使学生能够接触并理解更多行业知识和发展现状。此外，校企协同育人机制还为学生提供了更多参与一线工作的实习实践机会，使他们能够更深入地了解国际国内两个市场。这有助于学生更深刻地理解企业实际需要什么样的国际贸易人才，从而更好地定位自己的职业发展方向。

随着"双循环"发展新格局的形成，社会对国际贸易人才的需求日益强烈。国家高度重视具备创新创业能力的高素质复合型人才，因此实施了科教兴国、人才强国和创新驱动等战略，为国际贸易人才的培养提供了坚实的政策后盾。高校应充分运用自身优势和双循环格局下的外部资源，加大人才培养力度，培养出更多优质的国际贸易人才，以推动双循环格局的深入发展。此举不仅满足了国家对人才的需求，也能够为国际经贸领域的繁荣作出积极的贡献。

第二节　数字经济时代国际贸易专业的创新型人才培养

科技水平的不断进步助推了数字经济时代的到来，我国许多专业的人才培养模式开始发生转变，国际贸易专业培养创新型人才的重要意义得到进一步体现。数字经济背景下，传统国际贸易专业的人才培养模式逐渐难以适应社会的需求，为了改变这种情况，部分高校开始调整人才培养模式，通过多种手段加强国际贸易专业人才的创新性，打造创新型人才队伍。

一、数字经济驱动国际贸易创新型人才培养模式转型的依据

（一）跨境电商在国际贸易行业飞速发展

在数字经济的发展浪潮中，我国互联网与信息技术取得了显著进展。现阶段，计算机技术仍在持续进步，计算机与互联网等科技的应用领域也在持续拓

展，对社会的各个层面及行业发展产生了深远的影响。尤其是随着互联网的飞速发展，跨境电商逐渐崭露头角，成为国际贸易行业的一颗新星。跨境电商不仅简化了国际货物交易的流程，更确保了交易中的货物质量，为国际贸易带来了新的活力。在外贸发展的推动下，跨境电商在国际贸易领域取得了长足的进步。这同时也对国际贸易专业的人才培养模式提出了新的要求——需要向创新型人才培养模式转型，以适应跨境电商的快速发展。

（二）跨境电商领域人才不足

在当今国际贸易蓬勃发展的背景下，跨境电商的崛起愈发体现了其重要性。跨境电商的持续发展对专业人才提出了更高的要求，促使相关行业对国际贸易创新型人才培养模式的转型给予了更多关注。随着数字经济的深入发展，传统国际贸易模式逐渐失去竞争力，跨境电商的兴起对国际贸易市场产生了深远影响。为了推动行业发展和提升国际竞争力，相关行业急需引进具备高超专业技能和强烈创新意识的专业人才。这要求教育机构，特别是国际贸易相关的教育单位，必须调整人才培养策略，培养出既有创新意识又具备实践能力的复合型人才，这样才能有效保障人才培养的质量和实用性。

（三）跨境电商平台的不断普及与发展

从当前跨境电商平台在国内外的发展形势来看，其已明显超越了传统的国际贸易模式，解决了交易周期长、资金投入巨大的问题。新的模式更具灵活性、个性化和高效率，且在实践应用中展现出巨大的发展活力。这一变革背景下，国际贸易人才培养的革新与转型显得尤为重要。相关教育和培训机构需要根据社会和行业的实际发展状况，适时调整人才培养的方向和目标。可以预见，未来跨境电商将成为国际贸易专业学生实践的核心平台，同时也为相关教育单位的教学活动提供了更广阔的舞台和更多可能性，有助于推动国际贸易教育的进步。

二、数字经济驱动国际贸易创新型人才培养模式转型的价值取向

（一）推动新行业的转型与升级

数字经济的飞速发展正在促进国际贸易的创新。国际贸易与互联网、信息技术的高度融合推动了跨境电商的蓬勃发展。这不仅仅是对国际贸易专业

人才的挑战，更是对其培养模式升级的迫切需求。高校需要以培养具备创新思维和实践能力的人才为核心，调整并构建起灵活且全面的人才培养模式。在新的人才培养体系中，相关机构应着重提升人才的跨境电商综合知识储备，打造一支复合型国际贸易人才队伍，这对于推动行业转型和升级具有深远的意义。这样的转型不仅有利于行业的持续发展，也为国家经济的繁荣注入了新的活力。

（二）有利于落实专业教学改革

高校是人才培养的摇篮，承担着为社会培养创新型、复合型人才的使命。当前，我国多所高校正积极推进教学改革，旨在提升人才培养的质量，为各行业输送更多具备高素养、高水平的专业人才。传统的教育模式在国际贸易等领域的适用性正在逐渐减弱。因此，高校需要灵活调整人才培养模式，创新教育体系，以推动教学改革的深入实施。在数字经济的浪潮下，高校正积极探索国际贸易等专业的人才培养新模式，融入信息技术等前沿科技进行培训。这不仅确保了人才培养的实效性，还进一步推动了高校教学改革的落实。通过这种方式，高校为学生的成长与发展提供了更广阔的空间。

（三）提高专业教师教学综合水平

数字经济背景下，国际贸易创新型人才培养模式的转型对教师教学能力和综合水平的提升具有积极影响。传统国际贸易专业的教师大多都具有师范教育背景，但往往缺乏外贸实战经验，偏重理论教学，轻视实践操作。然而，随着数字经济对国际贸易人才培养新要求的提出，教师们必须通过参与企业实习等途径来丰富自己的实践经验。这样教师不仅能够增强自身实践能力，还可以在授课中结合个人经验指导学生实际操作，有效培养学生的实践能力。同时，参与各类专业培训也有助于教师提升自身教学能力，对高校建设一支高素质、专业化的师资队伍具有深远意义。

三、数字经济时代国际贸易创新型人才培养模式的漏洞分析

（一）知识结构难以满足数字经济时代对复合型国际贸易人才的需求

新时代背景下，国际贸易的内涵已超越了单纯的货物交易，服务贸易的

比重日益增大。随着数字化和信息化的浪潮席卷外贸领域，新技术和新工具不断被引入并应用。这推动了商业模式的持续创新与改革，使贸易分工更加细致化和具体化。然而，当前本科教育课程体系中，国际贸易专业的研究重心仍偏向于货物贸易，对于服务外包、跨境电商等数字贸易内容的课程相对不足。此外，大数据、人工智能、区块链等交叉学科内容的教学也相对稀缺。这种情况可能导致学生知识结构单一，难以适应新时代对外贸知识及能力的全面性和跨界化要求。

（二）"双创"能力难以适应数字经济时代对创新型贸易人才的要求

在新时代背景下，随着区块链、人工智能等前沿技术的不断突破，国际贸易领域正经历着深刻的变革。这一变革催生了数字贸易的兴起，这对涉外经贸人才的创新创业能力提出了更高的要求。国际贸易的数字化转型已成为必然趋势，涉外经贸部门、外资企业及政府机构急需一批具备国际贸易专业基础能力的人才。这批人才不仅要精通传统市场开拓、国际商务谈判和跨文化交流等技能，还需要在分析解决问题和创新能力方面有突出表现，如数据挖掘分析、数字贸易软硬件操作等。然而，当前教育体系中，因具备国际化学习和工作背景的教师资源不足，课程体系未能及时更新，且缺乏真实的教育实践基地，学生创新创业能力的提升正面临困境。

（三）国际商务素养难以满足数字经济时代对综合型贸易人才的需求

国际贸易是一个多维度、综合性的业务体系，其从业者不仅需要掌握商务谈判、结汇退税等专业技能，还需具备金融、保险、商务英语以及国际贸易法规等方面的专业素质。在数字经济的浪潮中，网络技术、软件操作、数据收集处理以及图片处理等技能也成为国际贸易从业者的必备能力。然而，当前本科高校在培养国际贸易人才时，往往更侧重于理论知识的传授，忽视了实践技能的锻炼以及交叉学科技能的掌握。随着国际贸易模式的不断创新和涉外贸易工具的升级，对本科高校培养学生国际商务综合素养的要求也日益提高。在此背景下，当前大学生的国际商务素养尚不足以满足数字经济时代对"复合型"贸易人才的需求，需要更加注重实践锻炼和技能提升，以适应国际贸易的新变化和新挑战。

四、数字经济时代国际贸易专业创新型人才培养模式

（一）推动国际贸易专业多学科知识的融合

大学生处于从高中过渡到大学的重要阶段，这一阶段的实践引导非常关键。因此，在本科阶段的前两年，高校要注重学生通识教育和平台课程的学习，以此夯实学生的学科基础。在后两年，高校可以设置一些专业性强的课程，包括国际贸易类知识的学习，如国际贸易理论、实务，国际金融，以及与现代信息技术紧密结合的数字贸易、跨境电商等课程。这些课程不仅打通了经济学、贸易学、电子商务的知识界限，还能够帮助学生构建跨学科的知识体系。除了专业知识的学习，还应注重拓宽学生的视野，特别是加强学生对数字贸易领域的专业知识的学习，以实现跨学科知识的融合。这样的课程设置旨在全面培养"一专多能"的涉外贸易人才，为他们的未来发展打下坚实的基础。

（二）促进线上线下"混合教学"、境内境外融合的教学模式升级

首先，借助互联网信息技术的力量，我们应积极推进线上与线下混合教学模式。通过有效整合在线平台资源，结合"雨课堂"等网络教学工具，我们可以构建一个新型的、有序的教学环境。这样的模式不仅能充分发挥线上课程的便捷性，也能展现线下课程的互动性，从而激发学生的学习动力和积极性，最终实现教学质量的全面提升。其次，我们应深化境内与境外教学的融合。对于国际贸易专业的学生来说，拥有国际化的视野和思维方式至关重要。因此，我们需要开放的教学模式来支持这一目标的实现。一方面，我们可以逐步扩大对"一带一路"共建国家留学生的招生规模；另一方面，我们可以通过申请国际化的品牌项目，与美国、加拿大等国家合作开设线上课程，为学生提供更多与国外学生和教师交流的机会。

（三）"翻转课堂"以及"第一课堂"与"第二课堂"的整合

教师要灵活运用"翻转课堂"教学模式，让学生在课前预习提供给他们的电子资料，在课堂上进行互动讨论并解决问题，以此实现教学角色的转变。在教学过程中，教师要结合信息技术和个性化培养策略，激发学生的创新思

维和潜能。同时，教师要积极推动第一课堂与第二课堂的融合，鼓励大学生投身于实践创新项目、"互联网＋"创新创业大赛以及各类学科竞赛。对于实践类课程，教师可以让学生进入企业实习，深入了解企业运营模式，或者邀请地方商务机构、海关及涉外企业等领域的专家，不定期来校开展专题讲座，以实现理论与实践的有机结合。

（四）加强国际贸易专业实务产教融合课程建设

1. 优化教学资源

（1）校企共同开发课程教学资源

校企联合编写国际贸易实务课程教学资料。编写团队由资深国际贸易教师和业界精英共同组成，他们要依据课程大纲和教学目的，融合合作企业的数字贸易实例与行业需求，编写国际贸易实务教材、案例分析和练习题。在资料编写过程中，编写团队应强调理论与实践的结合，及时更新教学内容，反映数字贸易领域的最新动态和趋势，以帮助学生紧跟行业步伐，掌握最新的实务技能。此外，团队应还着重确立课程的思政目标，深入挖掘国际贸易实务课程的思政元素，通过将思政案例融入教学资料中，引导学生树立正确的人生观和价值观，培养其社会责任感和担当精神，使他们在掌握专业知识和技能的同时，也具备正确的思想导向和道德标准。

（2）校企共同建设实践教学资源

为了更有效地提升学生的国际贸易实践能力，学校与企业联手打造了国际贸易实训室和产教融合实践基地。该实训室不仅模拟了企业真实的数字贸易工作场景，还融入了课堂教学内容，让学生在真实环境中进行实际操作和决策，从而提升他们的数字贸易技能。此外，校企还共同建立了数字贸易产教融合实践基地，开展了一系列数字贸易实习项目。这些项目让学生身临其境地参与真实数字贸易工作，了解行业各个环节和流程，解决实际工作中遇到的贸易问题。通过实习，学生们的实际操作能力和问题解决能力可以得到显著提升。这一系列举措为学生提供了一个更加契合实际的学习和实践平台，使他们能够更好地掌握数字贸易的核心知识和技能。

2. 加强教学团队建设

（1）校企共同建立教学团队

学校通过与行业领先企业合作，可以建立起一支兼具理论知识和实践经验的国际贸易实务教学团队。来自合作企业的国际贸易行业专家不仅具有丰富的实践经验，而且能够与教师共同完善课程内容。他们不仅可以将行业最新的动态和实践经验传授给学生，还能够以实际数字贸易工作为例，讲解其工作流程和技巧，帮助学生更全面地掌握数字贸易的核心知识。同时，国际贸易实务课程的教师也可以前往合作企业进行实践锻炼，将理论知识与实践技能更好地结合起来。这样的实践活动不仅使教师们对行业最新的趋势和需求有了更深入的了解，还能够使国际贸易实务课程的实践性和可操作性变得更强。如此，我们的教学团队不仅能够传授学生必要的理论知识，更能引领学生了解和适应现实的数字贸易实践环境。

（2）加强对教学团队的培训

为顺应时代潮流，让学生在职场当中更具竞争力，深化国际贸易实务产教融合课程的师资培训迫在眉睫。要提升教师的专业功底与实践能力，可以采用以下几种方法措施。教师可以定制化培训项目，与业界精英与企业领航者联手开展系列讲座，促进知识交流。高校可以推行教师轮岗制度，让教师深入企业一线，亲身经历企业的工作流程，精准把握行业动态，让教学内容与实践紧密结合。此外，强化教师的信息化素养与思政教育能力也至关重要。国际贸易实务课程需要融合数字技术，以培养未来贸易精英的数字思维与技能。因此，我们需要加大信息化技术培训力度，确保教师精通数字工具在国际贸易中的应用，并将之巧妙融入课堂中，激发学生的数字潜能。同时，高校还要加强思政教育，引导教师掌握有效的思政教育手段，在国际贸易实务教学中潜移默化地培育学生的道德情操与社会责任感，塑造具备国际视野的复合型国际贸易人才。

3. 改革教学方法

（1）营造职场氛围，强化实践育人

为了强化国际贸易专业学生的实践训练，学校可与外贸企业进行密切合作。通过签订合作协议，学校可以邀请企业中的外贸专家进入课堂，他们不仅能够向学生传授知识，还能分享行业最新动态和国际贸易的实际操作经验。此外，定期的行业讲座和实地参观活动，也能够使学生更直观地了解国际贸易的实际运作流程，增强他们对国际贸易的认知与理解。同时，学校可与企业合作开展实习项目，将教学从课堂延伸至企业，让学生在真实的职业环境中实践所学的国际贸易实务知识及技能。在企业的实际贸易项目中，学生将与员工并肩合作，共同解决问题。

（2）完成案例库建设，实现大案例教学

为了使国际贸易实务课程中的教学案例更加充足，高校可以采用产教结合的方式，积极构建完善的案例库，推动大案例教学模式的实施。首先，高校可以与企业携手合作，从其进出口业务中挑选并搜集真实案例，设计并构建一系列涵盖全流程的大案例，包括从订单接收、采购、生产至海关报关、国际物流以及贸易结算等各个环节。其次，教师将这些大案例巧妙地融入国际贸易实务课程中，采用分阶段引入的方式，鼓励学生积极参与案例分析。这样的教学方式不仅激发了学生的学习兴趣，更提高了他们解决实际问题的能力，使他们能够在未来的国际贸易工作中游刃有余。

（3）完善网络平台建设，实现混合式教学

学校与企业合作构建互动式在线学习平台和先进的虚拟仿真实训平台，为混合式教学提供了有力支撑。这一教学模式不仅有效激发了学生的学习主动性和对专业的兴趣，更显著提升了他们的学习效果。首先，校企联手打造了国际贸易实务在线学习平台，该平台为学生提供了海量的课程资源和全方位的教学支持。学生可自由选择在线学习、练习和答疑，并且教师会对他们进行及时的反馈和指导。此外，该平台还提供在线培训和考核，帮助学生深入理解和掌握国际贸易实务的核心知识和技能。其次，学校和企业共同建设了国际贸易全流程虚拟仿真实训平台，模拟真实的国际商业环境和工作场景。学生可在平台上进行实际操作和决策训练，通过模拟实践掌握国际贸易实务的各项技能，为未来的职业生涯打下坚实基础。

4. 完善考核评价体系

（1）注重对学生实践应用能力的考核

国际贸易实务课程中，产教融合的考核内容需着重于学生的实践应用能力。该考核体系以理论知识和岗位技能为双重标准，是一个综合评价体系。在学生日常的学习过程中，采用过程性考核与期末考核相结合的方法，尤其强调过程性考核的重要性，其成绩占比应该与期末成绩相当。过程性考核内容丰富，涉及线上自学、案例深度剖析、实务操作训练以及岗位技能实操考核等多方面，旨在全面培养学生的实践应用能力。

（2）采用校企共同考核评价模式

围绕合作企业的用人标准，高校可以设计一套与国际贸易实务课程相匹配的评价体系。学校侧重于学生的知识掌握和实操技能，通过评价学生对国际贸易实务的理解程度和实际操作能力，来衡量其学习成果。而企业则从学生的职业素养和综合能力出发，考核其国际商务实践能力，以选拔出符合岗位需求的优秀员工。在考核过程中，企业的上岗考核环节尤为重要，它能够客观全面地反映学生将理论知识转化为实践技能的水平。这种校企联合的评价方式，可以更全面地评价学生在国际贸易实务方面的综合表现。

第三节　基于市场导向的应用型国际贸易专业人才培养

当前，国际贸易领域人才就业状况呈现出鲜明的时代特征。外贸企业面临"招聘难"的问题，而国际贸易专业的大学生则正遭遇"就业难"的问题，这两大难题在现行的人才培养模式中愈发凸显。随着社会的迅猛发展，市场对国际贸易专业人才技能的需求愈发强烈，应用型人才已成为高等教育的重点培养目标。传统的国际贸易专业培养模式过于侧重理论教学，与就业市场的实际需求存在明显的脱节。这种以理论课程为主的教育方式，导致学生毕业后往往无法立即适应工作需求，甚至出现毕业即失业的严重问题。传统的培养路径虽然遵循"公共基础课＋专业基础课＋专业课＋毕业实习"的模式，但单一的实践模式却无法充分锻炼学生的实际操作能力，同时实践考核的反馈机制也显得不够完善。为应对这一挑战，国家出台了一系列的应用型人才培养政策。这些政策强调提升学生职业能力的重要性，特别是在《教育部等部门关于进一步加强高校实践育人工作的若干意见》中，明确提出提高实践育人在教育环节中的地位。这一政策要求将课堂教学作为主要途径，推动理论知识和思想教育的协调发展。为达成这一目标，高校需要构建新型的实践能力培养体系，通过规划合理的制度来提升学生的综合实践素质，从而更好地满足企业对应用型人才的需求。

一、出现"两难"的原因分析

（一）用人单位观念落后

出现"两难"问题的根源，大多是企业观念陈旧，管理上存在漏洞。不少企业整体发展水平一般，薪资待遇难以跟上社会发展需求，却对人才要求甚高，致使大批本科毕业生难以达到公司的要求。同时，部分企业在人才管理机制上缺乏完善性，未制订相应的人才培养计划，无法准确区分人才素质差异。这使得岗位与员工能力不匹配，阻碍了人才的成长与发展，最终导致人才流失现象频发。

（二）学校与企业供需脱节

学校与外贸企业之间的供需脱节是导致"两难"局面的根本原因，主要体现在两个方面。首先，随着国际贸易的飞速发展，国内各大高等教育机构纷纷设立了国际贸易专业，但这些专业的同质化现象严重，导致学生数量激增且能力水平大致相当，缺乏突出的专业技能。在人才培养过程中，高校过于注重理论知识的灌输，而忽视了学生实践能力的培养，使得学生的实际操作能力无法满足外贸企业的用人需求。其次，外贸企业在招聘过程中往往以降低成本、规避用人风险为出发点，更侧重于人才的即用性，而忽略了人才的培养与挖掘。他们倾向于录用那些已经具备一定国际贸易专业能力的人员，而对于那些具有巨大潜力的新人才则缺乏关注。这种做法进一步加剧了高校人才培养与外贸企业用人需求之间的脱节，使得外贸企业在招聘人才时面临困境，而高校国际贸易与国际经济专业的学生则面临"就业难"的问题。

（三）领导绩效评价体系并不合理

首先，高校的领导绩效评估体系存在显著缺陷。在评价过程中，他们过分侧重于学校的硬件设施、规模以及短期发展速度方面，却往往忽视或低估了人才培养相关的关键因素。这种倾向导致学校对人才培养的重要性认识不足。其次，对于国有企业而言，其领导绩效评价体系更加不科学。现行的核心评价指标过分依赖于短期的 GDP 增长，这无疑抑制了企业对长期人才培养的热情和积极性。这种评价体系不仅忽视了人才培养的长期价值，也阻碍了企业的可持续发展。

（四）高校课程设置不合理

当前，我国高校国际贸易专业的课程结构在总体上与发达国家有一定的相似性，其教学重点依旧是理论知识和实践课程的结合。然而，在课程体系的构建理念上，国内很多高校仍存在明显的短板，这直接导致整体的教学水平相对滞后。为了适应时代发展，高校在国际贸易专业课程设置上需与时俱进，不仅要涵盖专业理论知识，还需深入探究各国贸易趋势和政策。此外，学生对国际贸易的法律环境和实际操作要求也应有清晰的认识。然而，当前我国高校的国际贸易课程设置普遍存在偏重理论、轻视实践的问题，这直接限制了学生实际操作能力的培养。学生因缺乏足够的实践学习时间，其贸易实务能力水平普遍较低，难以提升综合素质，难以满足外贸企业的用人需求，进而导致学生就业难的问题日益突出。

二、基于市场导向的应用型国际贸易人才要求

（一）知识要求

国际贸易专业的学生在实践过程中，需掌握三大类知识：基础、专业和通识知识。基础性知识，如经济学中的供求关系、边际效用及成本理论等，是构建经济学分析框架的基石，为他们在商业实战中解读市场动态和经济现象提供了有力的工具和方法。专业性知识则涉及国际贸易的规则与惯例、国际金融理论以及国际市场等领域，这些知识助力学生灵活应对国际经济环境的变幻莫测，提升其应对挑战的能力。通识知识包括与经济学相关的其他领域的知识，增强学生对其他领域的了解，促使他们的视野更加开阔。

（二）技能要求

英语在国际贸易领域中占据举足轻重的地位，国贸专业的学生不仅需要熟练掌握日常英语交流技巧，更需精通商务英语口语，对商务交流英文

文书的撰写规范了如指掌。在外贸交易的各个环节中，他们还必须熟练掌握单证制作、报关检验、海运单证等流程。同时，信息技术也成为一项不可或缺的技能，如电子邮件的运用、电子表格的处理、数据库的管理和数据分析工具的应用，这些技能都为他们在客户管理与维护工作中提供了有力支持。

（三）能力要求

1. 计算机使用能力

在如今的信息时代，国际贸易中信息交流的壁垒正在逐渐消融。国际市场上，商品信息交换频繁。因此，外贸从业人员需熟练运用计算机技术，高效搜集和整理信息，以便对公司产品进行优化和调整，确保产品在激烈的市场竞争中保持领先地位。

2. 跨文化沟通能力

在开展国际贸易时，外贸从业人员会经常与来自不同文化背景的客户进行交流。因此，从业者需掌握各国商务礼仪、文化习俗及价值观，以适应并尊重客户的文化差异。这有助于他们跨越语言障碍，建立稳固的商业联系，从而建立双方共赢的合作关系。

3. 谈判和沟通能力

在国际贸易领域，商务谈判是不可或缺的一环。从精准捕捉客户需求到报价，再到细致敲定交易细节，外贸从业者必须以清晰的观点表明自身立场，同时耐心倾听对方的需求和意见。他们需在变幻莫测的谈判环境中，灵活应对各种策略和情境，以达成最有利于双方的协议。

4. 探索营销能力

在国际贸易中，从业人员需要对市场有足够的敏锐度，精通市场调研与营销策略的巧妙运用，策划并执行高效的市场推广计划，以提升产品或服务的市场竞争力，稳固市场份额。

5. 项目管理能力

在国际贸易实践中，同时推进多个复杂项目与交易是常态。为此，从业人员需要合理规划项目方案，合理分配资源，对项目进度进行高效管理，同时建立风险预警机制，以应对不可预见的变动。

6. 自主学习能力

在当前就业形势中，实践能力成为关键竞争力。国贸专业学生需紧跟时代步伐，不断更新自身知识体系与技能，以适应行业变革。他们要高效地规划学习与工作，确保自身在激烈的竞争中立于不败之地。

7. 创新创业能力

在国际贸易中，竞争与机遇总是并存的。拥有创新思维的创业者能敏锐捕捉市场变化，提出创新性的商业模式和解决方案，为企业增值，并实现个人的价值。

三、基于市场导向的应用型国际贸易人才培养的措施

（一）改变高校教育体制机制

在教育体制机制方面，高校必须顺应时代潮流，不断推陈出新，以此构建更加完善的教育体制机制。首先，高校需对招生制度进行深度革新。基于对国内外市场需求的精准分析并结合人才市场现状及各高校的专业招生计划，高校要将市场需求总量作为制订招生策略的依据，确保招生工作具有前瞻性和实效性。其次，高校需要对教育评估体系进行改革。此项改革应遵循科学发展观及创新型国家的发展要求，同时与国际贸易专业人才的培养和就业规律相契合。这将有助于建立一个科学、合理且具有前瞻性的高校专业评价体系，为高校教育质量的提升提供有力支撑。此外，教师评估制度的改革也是关键一环。在改革过程中，高校应将国际贸易人才培养的质量和数量纳入教师评估体系，并逐步提高评估标准中关于学生培养质量和就业率的权重，以激励教师更好地投入人才培养工作中，从而推动高校教育事业的持续发展。

（二）制订出科学合理的国际贸易专业人才培养目标体系

针对国际贸易人才的培养，高校需要以就业为导向，构建一个全面而系统的教育体系。首先，高校要树立实践应用的教学观念，优化教学内容和课程体系，使之更具针对性和实效性。其次，高校应明确国际贸易专业人才培养的具体目标，以科学、明确、具体的方式定义应用型贸易人才的标准。同时，高校要根据外贸市场的需求和人才特点，紧密结合市场动态，确立人才培养的目标，并将其细化成各项指标，贯穿于国际贸易人才培养的每一个环节。

（三）建立应用型国际贸易人才产学研联合培养机制

建立产学研联合培养机制，是培养应用型国际贸易人才的关键。为此，高校需要对人才培养模式进行革新，加大应用型人才的培养力度，并强化与产业界的合作。这种合作不仅是对高校资源的补充，更是对产业界优势的整合。该机制的实践路径主要有两点：其一，高校在培养国际贸易人才时，应更加注重实践操作和应用导向，使学生能够更好地适应市场需求。为达到此目标，高校应积极与知名外贸企业建立紧密联系，邀请企业高级管理和技术人才走进校园，担任兼职教师或导师，举办讲座和研讨会等，使师生能够及时了解行业动态、市场需求和技术创新趋势。其二，外贸企业也应积极引进高校和科研院所的国际贸易专家和学者，让他们在企业中任职、联合立项、参与项目等。这样不仅能丰富企业的知识储备，还能通过他们的专业知识和实践经验，为企业带来更多的贸易知识和创新思路。

（四）建立科学合理的领导绩效评价体系

首先，对高校培养应用型人才的多维度指标进行细致的量化处理。以此为基石，高校构建以应用与就业为导向的领导绩效评价体系，特别强调应用与就业的权重分配。其次，在创新型企业特别是国有企业中，应将人才开发经费视为领导绩效评价的关键指标，将之纳入企业整体绩效评价中。如此一来，不仅能够提升高校及企业对应用型人才的培养力度，还能有效推动社会就业的进步。

（五）优化培养应用型人才的教学方式

在我国传统教育模式中，灌输式教学占据了主导地位，这无疑制约了学生创新思维与创新能力的发展。在这种教学模式中，教师作为课堂的主导者，单向传授知识，而学生与教师间的交流也往往是单向的。如今，为了适应社会对人才的需求，培养应用型人才显得尤为重要。新的教学模式中，学生应成为课堂的中心，其思维能力和实践操作能力应得到全面提升。教师可尝试采用小组讨论的方式，让学生在交流与思考中提升自己的综合能力，促进师生间的互动，并提高整体教学质量。同时，教师还可引入多媒体等先进教学工具进行情景模拟教学，让学生身临其境地思考和解决问题，以此提升他们发现和解决问题的能力。高校的教学方式还需持续优化，尤其需要了解外贸行业的实际情况，将之融入课堂之中。这样，学生不仅能了解真实的外贸企业运作情况，还能表达自己的见解，与同学和教师进行深入探讨。通过这样的教学方式，学生们能在理论学习与实际操作中取得平衡，其综合能力将得到显著提高，从而更符合社会对应用型人才的需求。

总之，经济全球化的高速发展使得我国开始高度重视国际贸易人才的培养。这不仅是促进国家经济发展的重要一环，还对促进外贸经济的增长起到了积极作用。通过深入分析我国当前国际贸易人才培养的现状及面临的挑战，我国也制订了有效的解决策略，以实现人力资源的优化配置。实施以市场需求为导向的国际贸易人才培养模式，优化人才资源的利用，有利于缓解人才市场的"两难"局面。

参考文献

［1］ 高云龙，张少楠. 国际贸易实务［M］. 北京：北京理工大学出版社，2023.

［2］ 徐苗. 云计算在国际贸易中的应用［M］. 广州：华南理工大学出版社，2023.

［3］ 谭丽涛，杜强，宋芳. 现代国际贸易理论与实践创新研究［M］. 北京：线装书局，2023.

［4］ 张莹. 国际贸易理论发展与金融创新研究［M］. 北京：中国商务出版社，2023.

［5］ 闫瑞霞. 国际贸易理论的发展与创新研究［M］. 北京：中国商务出版社，2023.

［6］ 袁永友，王玉婷，徐声星. 国际服务贸易教程与案例［M］. 武汉：华中科学技术大学出版社，2023.

［7］ 蔡宏波. 国际服务贸易［M］. 北京：机械工业出版社，2023.

［8］ 王英凯，曾巧，唐艺萌. 国际贸易与国际金融［M］. 北京：中国纺织出版社，2023.

［9］ 李艾伦. 国际贸易基础理论研究［M］. 长春：吉林出版集团股份有限公司，2023.

［10］ 孙莉莉，闫克远，鲁晓璇. 国际贸易理论与政策［M］. 2版. 北京：北京理工大学出版社，2023.

［11］ 彭越，陈陶然. 从需求端看国际经贸专业的人才培养改革［J］. 经济师，2024（5）：189-190.

［12］ 郭凤华. 基于应用型人才培养的国际贸易实务教材建设探索［J］. 山西青年，2024（7）：145-147.

［13］ 乔丽婷. 高质量发展阶段职业本科国贸人才培养的社会适应性研究［J］. 中阿科技论坛（中英文），2024（4）：128-132.

［14］ 魏巍，包冰. 供给侧结构性改革视角下的国际贸易英语人才培养研究［J］. 吉林广播电视大学学报，2024（1）：44-46＋53.

［15］沈和斌. 数字经济背景下国际贸易人才培养模式研究［J］. 对外经贸，2023（11）：154-156.

［16］胡莉莉. 数字经济背景下国际贸易专业人才培养模式研究［J］. 上海商业，2023（11）：207-209.

［17］齐雅莎. 关于"1+X"证书制度下商科职业教育改革发展的研究：以国贸实务专业 B2B 考证为例［J］. 经济师，2022（5）：201-202.

［18］李方静. 国际经济与贸易人才培养体系改革探究：数字贸易背景下［J］. 北方经贸，2023（9）：140-143.

［19］李宝琴. 内外贸一体化背景下国际贸易专业人才培养模式改革探索［J］. 商业经济，2023（8）：188-191.

［20］隋莉，马英芳. 产教融合背景下民办院校国际贸易人才培养模式改革［J］. 产业创新研究，2023（9）：196-198.

［21］徐娜. 国际贸易中数字知识产权规则研究［D］. 扬州：扬州大学，2023.

［22］高丹蕾. 跨境数据流动中国际贸易协定例外条款的适用［D］. 太原：山西大学，2023.

［23］殷莲甜. 国际高端装备制造业贸易格局演化及驱动效应研究［D］. 赣州：江西理工大学，2023.

［24］朱怡宁. 国际贸易协定国企条款的立法趋势及我国的应对［D］. 上海：上海外国语大学，2023.

［25］吕天悦. 基于国际贸易机制的中国贸易安全风险分析［D］. 杭州：浙江大学，2023.

［26］王国庆. 我国外贸型中小企业融资博弈及实证分析［D］. 济南：山东财经大学，2022.

［27］杨钊. 国际贸易协定下数据跨境流动例外问题研究［D］. 济南：山东大学，2022.

［28］张思佳. 制度距离对中国与"一带一路"沿线国家双边贸易的影响研究［D］. 长春：吉林大学，2022.

［29］陈瑶. 国际贸易协定对国有企业的规制研究［D］. 上海：华东政法大学，2021.

［30］王素云. 互联网与我国对外贸易发展：动因、机制与效应研究［D］. 上海：上海社会科学院，2019.